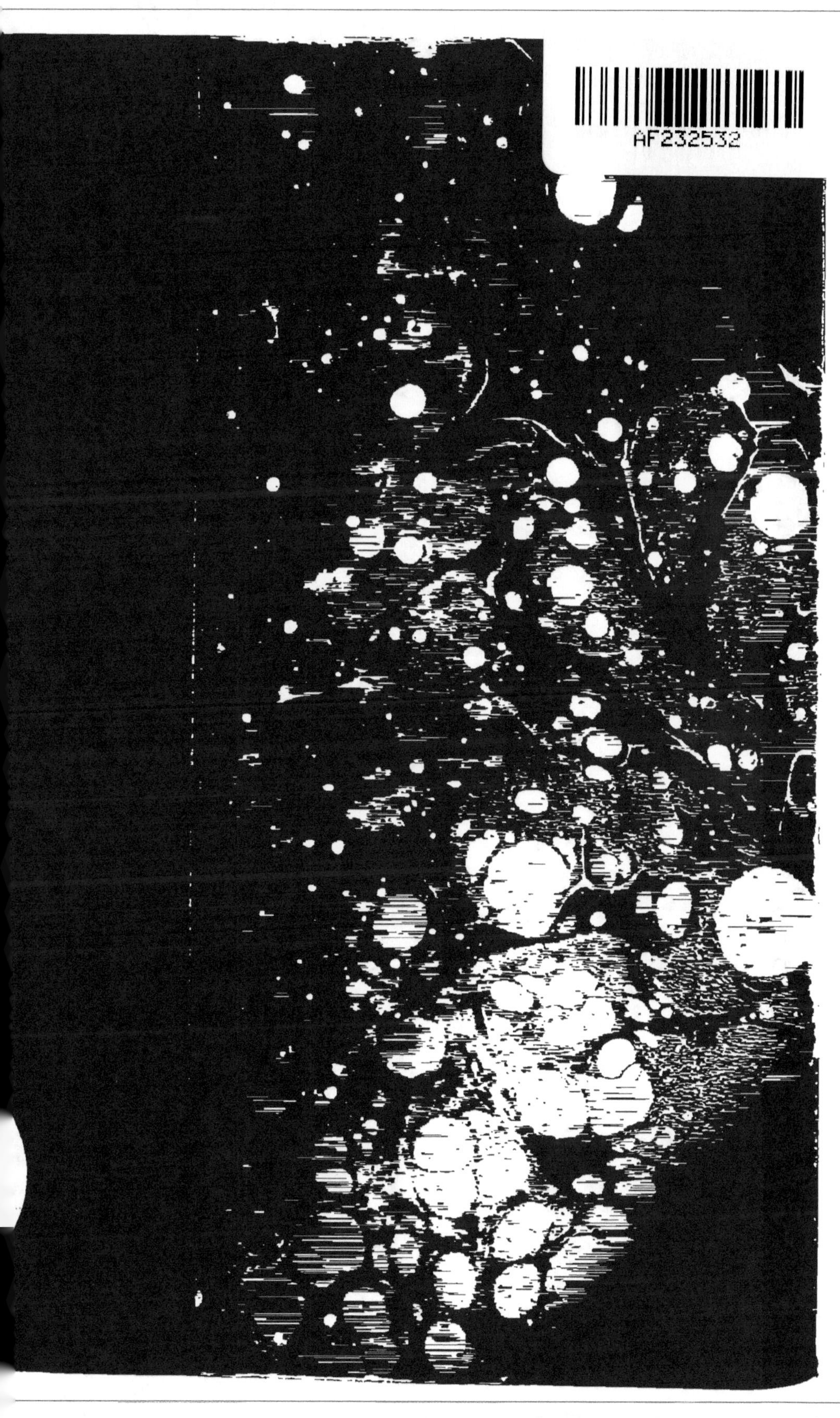
AF232532

LA
CHRONIQUE
SCANDALEUSE
OU
MÉMOIRES

POUR SERVIR A L'HISTOIRE DES MŒURS DE LA GÉNÉRATION PRÉSENTE.

Ridebis & licet rideas.

A PARIS,

Dans un coin d'où l'on voit tout.

M. DCC. LXXXIV.

AVERTISSEMENT.

Nous avons beaucoup de recueils d'Anecdotes. Il n'en est pas un qui puisse donner une idée juste de nos mœurs. C'est par des faits cependant & non par des dissertations philosophiques que l'on peut y parvenir. L'Editeur de ces Mémoires en a proscrit ce qu'il a cru trop connu & ne pouvoir concourir à ce double objet : faire connoître ce qu'est parmi nous l'espece humaine, & amuser les Lecteurs, dût-ce être un peu aux dépens de ses concitoyens.

Un Volume est peu pour une matiere aussi ample. Si celui-ci plaît, on continuera à mettre de semblables tableaux sous les yeux du Public.

LA CHRONIQUE

SCANDALEUSE.

LORSQUE la célébre Mad. S.... devenue depuis marquife de L..... prit le parti de la dévotion, on remarqua quelque dérangement dans fon efprit. Le chevalier de L..... fon fils entrant chez elle un matin, la rencontre chargée de plufieurs petits paquets ; elle l'aborde fans le reconnoître : — Je vais, lui dit-elle, chez une de mes amies mettre à couvert mes bijoux & mes plus belles dentelles ; car mes coquins de fils me volent & me pillent tout.... Le chevalier n'a garde de la tirer de fon erreur — Madame, répondit-il, votre prudence eft très-bien placée, mais vous pouvez vous éviter la peine que vous vouliez prendre ; j'ofe efpérer que vous me connoiffez affez pour me croire digne de votre confiance : remettez-moi vos bijoux, vos dentelles, & foyez certaine que ces effets feront bien en fûreté entre mes mains.... La marquife ne balance pas à accepter l'offre & confie ce qu'elle a de plus précieux à l'un de ceux à qui elle vouloit le fouftraire.

Madame *Dugazon*, actrice de la comédie italienne en étoit tout au plus à fon quinze ou feizieme galant depuis fix mois qu'elle ne vivoit plus avec fon mari,

A

lorsque celui-ci s'avisa de le trouver mauvais. Le comte de ** était de tour chez la belle, lorsque *Dugazon* entre. Après quelques momens, il dit à sa femme : Madame, souhaitez le bonsoir à M. le comte; aujourd'hui je reste ici ; la belle toute tremblante bégaye un adieu au comte en lui faisant signe d'éviter les querelles pour l'amour d'elle. Enfin le mari reste maître du champ de bataille ; mais M. le comte étoit de fort mauvaise humeur : le lendemain, le surlendemain, il alloit partout disant que *Dugazon* étoit un drôle, un polisson, qui lui couperoit les oreilles. Si les oreilles de *Dugazon* n'ont point été coupées, elles furent du moins fort échauffées de tous ces propos qui lui revinrent, & le hasard fit que quelques jours après il se trouva avec le comte qui recommença devant lui les mêmes discours. *Dugazon* qui est un des plus braves histrions du siécle, lui signifia qu'il ne pouvoit souffrir tant d'affronts accumulés sur sa tête. Cette déclaration lui en attira un de plus, & le comte lui applique un bon soufflet ; l'autre dans la minute le lui rend de toute sa force. Ces deux rivaux brûloient de se battre, on les sépare, on les garde. *Dugazon* reçoit des ordres de la police, & sa femme avec tous ses talens est menacée d'un tour à la maison de force. Enfin jusqu'à présent nos deux Messieurs en sont chacun pour un soufflet, & l'on est fort curieux au palais royal de savoir la tournure que prendra cette grande affaire. On se demandoit au *Caveau* comment cela finiroit, & ce que M. le comte feroit du soufflet qu'il a reçu : *Parbleu*, répondit un plaisant, *il le mettra avec les autres.*

Le chevalier de **** étoit à souper avec la Demoiselle qu'on appelle *Theophile* ; ils parloient de doux

plaifirs & s'occupoient de l'efpoir de les goûter bientôt ; la Demoifelle au milieu de fon ivreffe amou-
reufe laiffa échapper quelques témoignages de trif-
teffe : — Qu'avez-vous, bel ange ? — Mon ami, je
t'avouerai que j'ai un befoin, mais un befoin extrême
de douze louis : — Ma divine, je fuis au défefpoir,
mais je n'ai pas le fou, pas la moindre obole; quel
plaifir j'aurois eu à te donner cette bagatelle ! —
Donner ! ah mon ami, je connois ta fituation, c'é-
toit un fimple prêt que je te demandois & pour peu
de jours, je ne vends point mes faveurs à mon bon
ami ; là-deffus une effufion des fentimens les plus
délicats : on alloit fe mettre à table & bientôt fe jetter dans les bras de l'amour, pour fe dédommager
des rigueurs de cette maudite fortune, on entend
heurter à la porte : le chevalier ne fait pas trop quel
parti prendre ; ah, c'eft Monfieur, dit la Demoifelle
effrayée ! ce Monfieur étoit un riche financier qui
fourniffoit amplement à la dépenfe, tandis que le
chevalier étoit aimé pour lui. Celui-ci enfin fe réfugie
dans un cabinet. Notre financier avec fes deux jambes
cagneufes accourt pour embraffer fa charmante. ——
Enfin, ma reine, me voilà débarraffé de ce malheureux tapis vert où j'étois cloué. Morbleu, nos affaires
ne vont point du tout..... Les fermes font à tous les
diables, elles ne rendent que 30 pour cent, & il n'y
a pas de l'eau à boire : — Ah, Monfieur, je vous
prie ; laiffez-moi avec vos fermes, vous augmentez
ma migraine : eh bon Dieu ! bon Dieu ! ce font des
étonnemens, des coups dans la tête ; aye, aye, aye !
— Mais, mon amour, voilà un vilain mal de tête,
bien hors de faifon ; maugrebleu de la migraine.... je
venois.... Oh, Monfieur, allez-vous-en, allez-vous-en :
comment je ne fouperai pas avec toi, & voilà un

couvert tout prêt : ⎯ Il eſt vrai que je me préparois
à manger un morceau quand ce malheureux mal de
tête m'a ſurpris ; au nom de Dieu, laiſſez-moi, laiſſez-
moi, ce ſont des ſouffrances inouies ; je me flatte
que le repos me raccomodera. ⎯ Le repos ? mais
moi pour mon argent... ⎯ Pour mon argent ? .... à
propos n'auriez-vous pas douze louis à me donner,
je ſuis d'une humeur de chien, c'eſt pour une marchande de modes qui ne me laiſſe pas reſpirer. ⎯
Que veux-tu dire avec ta marchande de modes ?
entre nous, ma bonne amie, ſais-tu combien tu me
coûtes ? oh, moi, je ſais compter : ⎯ Fi donc, M. ,
eſt-ce que l'on compte ſes plaiſirs ? il me faut ces
douze louis & tout à l'heure, ſinon je vous ſaute aux
yeux. ⎯ Patte de velours, mon chat, patte de velours, je te dis que je n'ai pas un écu... Demain. ⎯
Ce ſeroit dans la minute qu'il me les faudroit : voilà
ce que c'eſt que de ſe prendre de goût pour ces Mrs.
des fermes, ils ſont d'une ladrerie. ⎯ Tu ne veux
donc pas me donner un baiſer ? Vous baiſer, moi ?
j'aimerois mieux... Monſieur plaiſante... Pendant que
le financier embraſſe la Demoiſelle, il met adroitement douze louis ſur la cheminée & prend enfin le
parti d'abandonner ſa Lucrece à la migraine qui l'af-
flige. Elle accompagne juſqu'à la porte ſon Créſus,
ſans s'être apperçu de ſon bienfait. Le chevalier ſort
du cabinet, voit les douze louis, les met dans ſa
poche. La Demoiſelle revient en ſe plaignant de l'inflexible avarice de ces gens à argent. Ma chere, lui
dit le chevalier, je cede au deſir de vous obliger, je
ne vous diſſimulerai pas que j'ai héſité, mais l'amour
l'emporte ; tenez, voici ces douze louis, c'eſt ma foi,
toute ma fortune. La maîtreſſe eſt enchantée & promet bien de rendre cette ſomme ; ils ſoupent gaie-

ment & la nuit est encore plus agréable. Le lendemain le financier revole auprès de sa fidelle, il meurt
d'envie de savoir quel sentiment aura produit sa ga-
lanterie : il s'attend à des remercimens, à des careffes ; on le reçoit mauffadement, on l'accable d'épi-
thetes mal fonnantes, on lui déclare même qu'il faut
prendre fon parti. Mais, s'écrie le financier, ma petite,
vous êtes une ingrate : comment, je vous ai donné
hier ces douze louis que vous m'avez demandés avec
tant d'humeur. --- Vous m'avez donné hier douze
louis ! Vous ? --- Eh oui , moi-même, je les ai pofés
fur votre cheminée... Conteftations, reproches, refus de croire Monfieur ; Enfin il a fait tous les fermens, il a juré par Plutus. On vient à être perfuadé ;
il faut donc, dit la Demoifelle, que j'aie été volée ;
la douceur renaît dans le commerce, mais l'infante,
à peine a-t-elle apperçu le chevalier, qu'elle lui dit en
riant, oh, je le crois bien, Monfieur le fripon, que
je ne vous rendrai pas ces douze louis : allez, on
pardonne tout à l'amour, nous mangerons enfemble
cette libéralité de Monfieur. Le chevalier avoua tout,
en rit lui-même, & les deux amans n'en furent que
plus empreffés à duper le financier.

Madame la marquife de C***** s'habille un jour
pour aller dîner en ville ; elle change d'avis & annonce à fa femme-de-chambre qu'elle ne fortira que
le foir. On remet fes diamans dans l'écrin & on les
place fur la toilette. Un court intervalle de deux ou
trois heures n'avoit pas paru exiger qu'on les renfer-
mât. Madame veut fortir ; on ne trouve plus l'écrin :
toutes les recherches font inutiles, ils font volés, on
ne peut foupçonner que la femme-de-chambre ; la
Marquife ne balance point à la croire coupable &
le lui déclare. La pauvre fille fe défole ; elle donne la

clef de sa chambre, prouve qu'elle n'est point sortie, & qu'elle n'a point été seule depuis le moment qu'elle a reçu les diamans des mains de sa maitresse. Celle-ci l'enferme & fouille parmi tous les effets de l'infortunée domestique ; rien n'annonce son infidélité & les bijoux ne se retrouvent pas. Un commissaire est appellé, tout le monde est interrogé, la femme-de-chambre toujours seule soupçonnée, persiste à protester son innocence. La marquise furieuse veut qu'elle soit traînée en prison ; le commissaire exige que l'on fasse par toute la maison les perquisitions les plus exactes. ,, Je suis, reprend Madame de ,, C***** assurée de la fidélité de tout mon monde; ,, mes gens sont depuis long-temps à mon service, ,, cette fille seule m'est peu connue & je lui ai trop ,, légérement & trop imprudemment donné ma con- ,, fiance.... ,, Le commissaire ne se rend point à l'opinion de Madame ; il persiste à faire ce que le devoir de sa place & les loix lui prescrivent, il fait visiter sous ses yeux tous les endroits où l'écrin pouvoit être caché. On le trouve enfin dans un coin de la cuisine, au milieu d'un tas de linge sale : qu'elle autre que la cuisiniere auroit pu choisir une telle cachette, en disposer & la croire sûre ? la bonne femme qui depuis quarante années passées au service de la marquise & de sa famille, avoit fait preuve d'une fidélité inviolable, est jettée sur le champ dans les prisons réservées au crime. La femme-de-chambre & deux laquais y sont également renfermés, ainsi que les loix l'ont voulu. Vingt jours se passent & le procès dont l'instruction est prête d'être achevée, menace les jours de la malheureuse & innocente cuisiniere, contre laquelle toutes les circonstances qui détermi- nent les juges sembloient s'être réunies. La marquise avoit pris de nouveaux domeſtiques ; la colere avoit chez elle fait place à la pitié, elle était ſans ceſſe dans les larmes : un matin, ſa nouvelle cuiſiniere accourt à elle. --- Madame, ſéchez vos pleurs, tout eſt découvert, vos gens ſont tous innocens.... Mademoiſelle votre fille.... --- Comment ma fille ?.... (c'eſt un enfant de neuf ans.)--- Mademoiſelle vient de me faire demander un bouillon, je le lui ai porté moi-même, j'avois cherché à lui plaire & j'y ai réuſſi. Ma bonne, m'a-t-elle dit, je vous aime de tout mon cœur, vous ſuccédez à une bien méchante femme, oh, que je la déteſtois, auſſi me ſuis-je bien vengée ! J'ai preſſé Mademoiſelle de s'expliquer, elle a eu quelque peine à s'ouvrir à moi, enfin elle m'a raconté que c'eſt elle-même qui a pris les diamans & qui les a cachés dans un endroit où la cuiſiniere avait ſeule occaſion d'aller ; & cela, m'a-t-elle aſſuré, afin qu'on ſoupçonnât cette femme qu'elle haïſſoit, de les avoir volés, que vous la grondaſſiez bien fort & que vous la miſſiez à la porte.... Je vous quitte, Madame, pour aller faire ma déclaration.... Un inſtant après, les juges ſont inſtruits de cet entretien, & ce trait de lumiere peut leur éviter une affreuſe condamnation : ils mandent l'enfant : pourroit-on croire tant de méchanceté à un âge ſi tendre, à celui de la candeur ? Voilà l'effet funeſte des mauvaiſes éducations. Mademoiſelle de C***** ſubit un interrogatoire de cinq heures ſans rien avouer. Elle ſe rend enfin aux larmes de ſa mere & aux ſollicitations des juges ; elle confirme ce qu'elle avoit dit à ſa nouvelle bonne & en indique des preuves. La famille de Madame de C***** s'eſt aſſemblée pour prononcer ſur le ſort de la petite fille qui avoit déjà donné des témoignages d'une ame noire : elle a été jugée indigne de la société ; elle a été rasée & renfermée dans un couvent d'où l'on se propose de ne pas la laisser sortir.

L I G U R I E,

CONTE *traduit du Grec.*

LIGURIE entra un jour brusquement dans ma chambre. L'égarement de ses yeux, la précipitation de ses mouvemens, le désordre de sa chevelure & de ses habits, tout annonçoit en elle un trouble & une agitation extraordinaires. J'étois encore au lit ; elle s'assit près de moi, elle m'embrassoit, elle vouloit parler ; mais elle étoit trop émue & sa bouche ne rendoit que des sons mal articulés. J'aime tendrement cet aimable enfant. Je crus qu'elle venoit d'essuyer quelque disgrace : j'essayai par mes caresses de lui rendre sa tranquillité ; enfin peu à peu elle se remit & dès qu'elle eut recouvré l'usage de la parole : ,, Ah, ma chere *Leucosie*, s'écria-t elle, qu'ai-je à vous apprendre ! hier, au coucher du soleil, il m'a semblé voir *Biblis*, elle s'approche de moi d'un air mystérieux, elle m'enveloppe la tête d'un voile blanc & m'ordonne de la suivre. J'obéis sans hésiter ; vous savez quelle est ma confiance en cette femme ; nous traversons la ville jusqu'à l'endroit où demeure mon tuteur, nous entrons dans une rue étroite & détournée : alors le peu de jour qui nous avait éclairées jusques-là nous abandonne totalement. Le silence qu'observoit *Biblis*, l'ignorance des lieux, la nuit affreuse qui m'environnoit, me pénétroient d'une terreur fecrete dont je ne pouvois me défendre. Eh ! où me conduifez - vous, ma chere *Biblis*, lui ai-je demandé ? Elle ne me répond rien. Une porte s'ouvre & nous defcendons à tâtons dans un fouterrein obfcur où conduifoit un dégré tortueux.

Imaginez, ma chere *Leucofie*, de quelle frayeur j'étois pénétrée. *Biblis* après m'avoir guidée quelque temps dans l'obfcurité, me quitte tout à coup. Vous êtes, me dit-elle, dans le temple d'un Dieu ; gardez-vous, quoiqu'il vous arrive, de troubler pas vos cris la célébration des myfteres. En finiffant ces mots elle s'éloigne de moi.

La furprife me rendoit immobile ; je ne favois que penfer. De quelle nature font donc les myfteres qui fe célebrent ici, me fuis-je dit à moi-méme ? Pourquoi les couvrir d'une nuit fi épaiffe ? mais les Dieux s'expliquent fur la maniere dont ils veulent être adorés. Ce n'eft pas à nous à pénétrer le fecret dont ils font jaloux. Il fuffit de favoir que je fuis dans leur temple. Sans doute on refpecte ici l'innocence, & *Biblis* m'aime trop pour m'expofer à quelques périls. Ces courtes réflexions m'ont tranquillifée. J'ai étendu les mains autour de moi pour m'affurer fi je n'avois point de compagne de mon aventure, à qui je puffe demander des éclairciffemens, & j'ai prêté l'oreille avec attention, pour entendre s'il ne fe faifoit pas quelque bruit qui fervît à diriger mes pas.

Du fein du filence qui régnoit autour de moi, il s'échappoit de temps en temps des foupirs, non de ces foupirs douloureux que nous arrache un fentiment amer : ils alloient jufou'à mon cœur; mais ils y portoient moins la compaffiion qu'une certaine émotion douce qui faifoit couler dans mes veines un feu fubtil. J'éprouvois un fentiment inconnu. J'étois hors de moi-même, je défirois , je craignois , fans connoître l'objet de mes defirs & de mes craintes. Un petit bruit qui fe fait entendre m'a forcée de redoubler mon attention. Il étoit tel que celui que fait un pas léger & fufpendu. Le bruit femble s'approcher de moi : dans le moment on prend une de mes mains. Vous connoiffez ma timidité , ma chere *Leucofie*. Seule dans un lieu où tout me paroiffoit incompréhenfible , quand j'ai fenti qu'une main étrangere faififoit la mienne , ne devois-je pas crier ? néanmoins j'ai fait mes efforts pour m'en débarraffer. Pourquoi me fuyez-vous , charmante *Ligurie ?* me difoit une voix baffe , trop forte pour être la voix d'une femme, mais fi fonore, fi douce, fi touchante, que ce ne pouvoit être celle d'un mortel.

Pourquoi me fuyez-vous ? que craignez-vous de mes careffes & de mes tranfports ? Je fuis le Dieu que l'on révere en ces lieux. Eh ! que me fervent l'encens, les victimes que l'on m'offre , les honneurs dont on m'accable , fi je n'afpire qu'au bonheur d'être aimé , fans pouvoir y réuffir.

Vous êtes un Dieu, ai-je repris, encore plus effrayée ? eh ! qu'exigez-vous de moi, hors le refpect & la crainte ? --- S'ils font faits pour moi, ce n'eft pas de vous que je les exige, vous de qui dépend mon bonheur , vous dont la poffeffion me flatteroit mille fois plus que l'immortalité même. Arrêtez aimable *Ligurie*, ne troublez pas par vos froideurs , la félicité d'un Dieu qui ne fe fervira de fon pouvoir que pour vous rendre heureufe , fi vous voulez l'être par fon amour.

Jugez de mon embarras , ma chere *Leucofie* ; que pouvoit répondre une fille fans expérience , à un Dieu puiffant qui la preffoit ? car je ne doute pas que ce foit un Dieu. Il n'y a rien d'humain dans toute mon aventure. Vous croyez donc, ai-je répliqué, que je m'abufe ainfi fur le foible pouvoir de mes charmes? Vous êtes un Dieu, le cœur me le dit : jamais l'approche d'aucun mortel ne m'a occafionné le faififfement que j'éprouve ; mais votre puiffance m'allarme plus qu'elle ne me raffure ; qu'ai-je à prétendre fi je me livre à vos tranfports ? jouet d'un goût paffager, aujourd'hui l'objet de vos defirs, demain de votre indifférence, peut-être de vos mépris, fi je confens à vous écouter & que je prenne de l'amour, à quel affreux défefpoir vais-je être livrée ? ne fais-je pas comme les Dieux aiment, & les fermens d'amour vous engagent-ils plus que les humains ?

Ah ! m'a répondu la voix, ne jugez pas de mes fentimens par ceux des autres, ne me forcez pas à détefter la grandeur fuprême qui me ferme l'entrée de votre cœur. L'ardeur que je reffens, ma chere *Ligurie*, n'eut jamais d'exemple ni dans les cieux ni fur la terre ; demandez-m'en des preuves. Eh ! que ne ferai-je pas pour m'affurer votre poffeffion ! oui, j'en jure par vos charmes, par les defirs vifs & preffans qui me tranfportent hors de moi-même, par les feux brûlans qui me raviffent & qui me dévorent, vous feule pouvez faire mon bonheur, & fi votre cœur fe laiffoit aller à quelques mouvemens de recornoiffance, la mienne n'auroit point de bornes. Mais vous êtes muette & mes tranfports tout vifs qu'ils font, ne fauroient même vous émouvoir. Ah ! deftin cruel, je ne vois que trop mon malheur. J'ai combattu jufqu'à ce jour pour ne pas vous montrer un amour inutile ; mais mon feu fe déclare enfin vaincu par fa propre violence. *Junon* me favorife ; c'eft elle-même qui fous la figure de *Biblis* vous a conduite en ce lieu fi favorable à ma flamme, en ce lieu qui pouvoit être pour vous & pour moi le théâtre du plaisir le plus pur & où je ne sens qu'augmenter mon martyre. O ma déesse ! voyez l'état où vous reduisez mon cœur, & si le vôtre est fermé pour l'amour, qu'il s'ouvre du moins pour la pitié.

Le Dieu, en tenant ce discours, insensiblement me tenoit embrassée ; je ne songeois pas à me défendre. Un baiser qu'il me donna, m'a tirée de ma distraction. J'ai voulu m'échapper de ses bras, mais le feu de mes levres brûlantes avoit déjà passé dans mon ame. Je m'efforçois de me dérober à ses embrassemens, & je ne trouvois de force que pour y répondre. Enchanté d'un désordre qui augmentoit encore par l'emportement de ses caresses, il m'a témoigné son ravissement par mille nouveaux baisers mêlés de nectar & d'ambroisie. Non, l'amour lui-même ne sauroit mieux les assaisonner. Je ne te le cacherai pas. Si les desirs de mon amant, contens de leurs progrès, eussent expiré sur ses levres & ne se fussent pas portés plus loin, mes bras n'auroient fait d'efforts que pour le retenir. Mais hélas ! ses transports indiscrets m'ont bientôt rendue à moi-même. Cruel ! lui ai-je dit, (en recueillant ce qui me restoit de forces pour me défendre & pour lui parler) qu'osez-vous entreprendre, vous savez sans doute inspirer de la foiblesse, voudriez-vous en profiter pour me séduire ? je suis innocente, vous êtes un Dieu, respectez-moi, respectez-vous vous-même, laissez-moi fuir..., Me fuir, ingrate, m'a-t-il répondu, quand je quitte les cieux pour vous ! je ne vous ferai pas valoir ce sacrifice : que ne puis-je vous en faire d'autres ! mais ne méritai-je pas de vous des sentimens plus doux ? quelle est après vous la mortelle qui pourroit me les refuser ? Ah ! me suis-je

écriée, contentez-vous de toute ma tendreſſe. Eh !
quelle autre vous aimeroit mieux que moi ? j'en atteſte
les Dieux que je crains ! je ne reſſentis jamais ce que
je ſens pour vous, & c'eſt aſſez de vous dire que dans
le trouble où je ſuis, je n'ai pas trop de toute ma
raiſon pour me défendre. Vous m'aimez, *Ligurie*, a
repris mon amant ? ô aveu qui m'enchante ! vous
m'aimez, redites-le-moi encore.... vous m'aimez ?....
Le Dieu emporté par l'excès de ſa reconnoiſſance
m'a prodigué avec une nouvelle ardeur les careſſes
que mes reproches avoient ſuſpendues ; j'ai fait ce
que j'ai pu pour lui réſiſter ; mais hélas ! que pou-
vois-je faire ? c'eſt un Dieu, je ne ſuis qu'une foible
mortelle.

Comment vous les détaillerois - je, ma chere
Leucoſie, ces careſſes ſi vives, ces proteſtations ſi
tendres de mon amant ? charmante *Ligurie*, me
diſoit-il, je vous aime. J'en jure par le Stix, je vous
aimerai toujours ; hélas ! que deviendrois-je, ſi même
dans des ſiécles reculés je venois à vous perdre ?
quel ſupplice pour moi ! jugez de mon déſeſpoir par
mes tranſports préſents. Combien ne regretterois-je
pas de ne pouvoir mourir avec vous ? il y va de mon
repos ; les Dieux ne me refuſeront pas cette grace,
vous jouirez de l'immorralité dont vos appas vous
ont rendue digne.

Comment ! je ſerois immortelle ! lui ai-je dit,
comblée de joie. Ah ! mon cher amant, je vous
aimerai donc toujours. --- Comme je prononçois ces
mots, un bruit ſourd ſe fait entendre, le Dieu s'eſt
dérobé de mes bras. Je vous quitte, m'a-t-il dit,
mais c'eſt pour vous revoir bientôt & vous revoir
immortelle. Je vais parler à Jupiter...., & dans le
moment il s'eſt retiré.

(14)

Quelle féparation ! ah ! que j’ai fouffert , ma chere *Leucofie !* tous les plaifirs m’ont abandonnée avec mon amant ; ils n’ont laiffé dans mon cœur qu’un vuide affreux. L’horreur des ténébres qui m’environnoient a redoublé , & pour mettre le comble à mon abattement , des remords fe font fait fentir : car quelqu’innocente que je fois, je n’en ai pas pour lors été exempte. Sans doute la vertu fe plaint toujours , quelque précaution qu’on ait prife pour la raffurer , & la pudeur s’allarme même de la jouiffance des plaifirs permis. Quoiqu’il en foit, maintenant je ne me reproche rien. Si je me fuis livrée aux tranfports du Dieu, ce n’eft qu’à titre d’époux : j’ai pour garans de fa foi fes fermens, j’ai fa candeur & fa tendreffe. Il m’avoit à peine quittée , lorfqu’une voix inconnue m’a appellée par mon nom. Je me fuis avancée du côté d’où elle venoit ; on m’a tendu la main & je fuis fortie du temple par la porte par laquelle on m’avoit introduite. „

Ligurie *n’eft autre qu’une Demoifelle* Foreftier , *jolie marchande de modes de* 14 *à* 15 *ans, dont le* duc D** *étoit éperdument amoureux.* Biblis *eft la* Dubuiffon , *un des plus habiles miniftres de la fameufe* Gourdan. Leucofie *eft une bonne amie de la petite* Foreftier ; *le temple n’eft qu’un boudoir de la petite maifon du duc.*

A peine *Ligurie* ou pour parler fans voile, Mlle *Foreftier* eût-elle ceffé de parler, comme elle cherchoit dans les yeux de fa compagne , ce qu’elle penfoit de cette étonnante aventure , & comme celle-ci s’apprêtoit à lui communiquer fes idées, on frappe à la porte à coups redoublés. La compagne ouvre en tremblant...! C’étoit la *Dubuiffon* qui s’annonçoit elle-même par des battemens de mains &

des éclats de rire immodérés : elle saute au cou de la jeune amante. Eh, lui dit-elle, nous avons donc une déesse de plus : certes l'Olimpe ne pouvoit faire une meilleure acquisition. Entrez, Dieu charmant, cria-t-elle au duc qui la suivoit, venez donner à votre déesse, de nouvelles assurances de l'amour que vous lui avez juré & lui confirmer le don de l'immortalité. Le duc vole aux pieds de la belle abusée qui comprend enfin comment elle a été prise pour duppe. La pudeur & la honte couvroient ses deux joues d'une rougeur forcée, & le dépit les baignoit de larmes. Elle veut se débarrasser de son amant ; mais ses forces l'abandonnerent. Punissez-moi, prenez ma vie, dit le duc en la serrant étroitement dans ses bras. Je suis un perfide ; je l'avoue, mais pardonnez, si je vous ai trompée quelques instans, c'est pour ne vous tromper jamais. L'amour dont je brûlerai toute ma vie pour vous sera ma seule excuse : puisse-t-il me mériter mon pardon !... Le duc parloit avec grace ; il est bien fait, jeune, galant ; il soupiroit, il versoit même des larmes qui paroissoient si naturelles ! enfin il étoit tel qu'il faut pour persuader les femmes. D'ailleurs sa belle étoit tendre, amoureuse, sans expérience, & la colere dure peu dans les cœurs des jeunes filles. Ce duc s'y prit si bien, qu'insensiblement les pleurs de la jeune personne se secherent. Vous pensez bien qu'on ne tarda pas à pardonner la petite supercherie & qu'on scella le pardon par des carasses si passionnées, que la vieille *Dubuisson* qui en étoit témoin, en paroissoit vivement émue, toute usée qu'elle est. Depuis ce temps, la jeune marchande de modes a eu une voiture, des dentelles, des diamans, une jolie maison bien montée.

Le comte D*** alla un jour chez la D***. Il la

trouva verfant des larmes feintes ou finceres, fur un malheur qui la menaçoit. Calmez - vous, lui dit l'homme de cour, de quelle fomme eft-il queftion ?--- De vingt mille francs. --- N'eft-ce que cela ? foupons & demain j'arrangerai l'affaire.... Ils foupent, &c. &c. Le lendemain en effet il lui euvoya un arrêt de fur-féance pour trois jours.

On félicitoit le marquis de *** fur un régiment qu'il venoit d'obtenir. Il étoit en concurrence avec un parent de M. le duc de N... Le Marquis remercioit avec un air de grande modeftie. Ce qui me flatte le plus, dit-il, c'eft que je n'ai pas fait aucun pas pour l'obtenir. Je le crois, reprit vivement le duc de N.... *Quand on rampe on ne marche pas.*

Un marchand de la rue *S. Honoré* fe voyant à la veille de faire banqueroute, acheta un cadavre, l'emporta fecretement chez lui, le mit dans fon lit, lui tira deux coups de piftolet & décampa. On trouva le cadavre ainfi défiguré. On ne douta pas que ce ne fût le marchand qui s'étoit tué. La femme fe confola comme de raifon, & fuivant l'ufage paffa à de fecon-des noces. Elle vivoit fort heureufe avec le fecond mari, de qui elle avoit trois enfans, lorfque paffant fur le pont-royal elle rencontre fon premier mari, le reconnoît, lui raconte tout ce qui eft arrivé. Le mari ne répond pas un fyllabe, l'embraffe & difparoît. La femme défolée confulte tous les avocats pour favoir ce qu'elle fera de fes deux maris. Nouvelle matiere a un procès qui amufera les oififs lorfqu'il aura lieu.

Une jeune demoifelle très-bien élevée a eu le mal-heur d'écouter fa fenfibilité : elle étoit crédule, elle efpéroit que fon amant viendroit fon epoux. Tous ces fantômes fe font évanouis, elle a reconnu qu'elle avoit été trompée : remplie de cette image &

voyant

Voyant approcher un terme où sa foiblesse alloit se manifester, elle a pris la malheureuse résolution de s'ôter la vie : il paroît qu'elle a hésité long-temps à exécuter ce funeste projet & qu'elle sentoit déjà cet amour si puissant de mere dont un célibataire n'a point d'idée. On a trouvé sur sa table cette lettre. Elle s'étoit empoisonnée, elle adressoit cette lettre à son pere. ,, Quand cette lettre, mon tendre pere,
,, tombera dans vos mains, je ne serai plus. Je n'ai
,, pu soutenir l'idée du déshonneur, j'ai donc im-
,, molé mon amour pour vous & pour la malheureuse
,, victime qui est dans mon sein. Il est inutile de vous
,, dire que le marquis D** a trompé ma crédulité :
,, il s'étoit annoncé à mes yeux comme un époux ,
,, & j'ai eu assez d'égarement pour ne point voir le
,, précipice où je me jettois. Mon sort est donc
,, décidé. S'il étoit encore temps de sauver mon en-
,, fant, ce seroit, mon pere , une grace dont je
,, serois reconnoissante dans le tombeau, car je ne
,, puis croire que la mort nous sépare totalement
,, de ce que nous avons aimé pendant la vie. J'es-
,, pere que vos bontés vivront toujours dans mon
,, cœur, que vous pardonnerez â ma mémoire. A
,, l'égard du marquis, c'est un malheureux qu'il faut
,, abandonner à ses remords, & il n'est pas possible
,, qu'il n'en ait. Il en aura, mon pere, il portera
,, un cœur déchiré ! il nous vengera tous deux, je
,, ne lui souhaite point d'autre supplice ; j'étois de
,, si bonne foi , je l'aimois avec tant de vérité..... ,,
La plume étoit vraisemblablement échappée des mains de l'infortunée à cet endroit : c'étoit une fille unique. Le pere est inconsolable, il est allé s'ensevelir au fond d'une terre où il a fait porter le cercueil de sa fille.

B

Un bon bourgeois qui revenoit seul d'un soupé de famille, où il avoit été plus sobre que nos ancêtres ne l'étoient en ces occasions, fut rencontré sur le boulevard par un jeune homme qui lui demanda quelle heure il étoit. Le Français se pique d'être obligeant & serviable : mon badaut tire sa montre pour en faire sonner la répétition : à ce moment une poignée de sable la lui fait lacher, en le forçant de porter involontairement les mains à ses yeux qui en étoient remplis. Ce mal momentané fut bientôt guéri, mais le jeune homme & la montre avoient disparu. Un cri mit toute la garde de ce quartier en mouvement & elle arrêta le filou pendant qu'il couroit encore pour fuir ; selon les apparences il sera roué vif comme voleur de grand chemin. Peut-être à Sparte un tel homme eût-il trouvé grace en faveur du stratagême, mais une exception de cette nature auroit chez nous de terribles conséquences. Nos filoux sont en général aussi ingénieux qu'adroits & agiles.

M. *Tarin*, anatomiste habile, auquel nous devons un excellent Traité de l'anatomie de la tête annonce une nouvelle édition de cet ouvrage. Il se propose de lui donner plus d'étendue ; en conséquence il a été chercher au château de *Bicêtre*, une douzaine de têtes qui lui étoient nécessaires pour ses nouvelles observations. Les têtes sont placées dans un grand sac & attachées sur le devant du carosse qui le conduisoit. Le mouvement lent & uniforme d'un mauvais fiacre endort bientôt M. *Tarin :* arrivé à la barriere, les commis des fermes arrêtent la voiture & demandent au cocher ce que contient le sac placé sur son siége : *Monsieur*, demande le fiacre à moitié ivre au docteur qui dormoit, *qu'y a-t-il dans ce grand vilain sac ?* --- *Eh, quoi,* répond le médecin en s'éveillant à peine , *ce font des cadavres , laiffe-moi tranquille.* Le cocher qui ne connoiffoit d'autres cadavres que des bouteilles vuides, comprend que ce font des *canards* & l'annonce ainfi aux commis. *Oh, oh,* difent les avides fuppôts de la ferme, *il y a là bien de l'argent à recevoir , il faut apporter ce fac dans le bureau, voir combien il y a de canards & l'on fera la liquidation des droits.* Ce qui eft dit eft fait , & pendant toute cette opération , le docteur *Tarin* ronfloit de plus belle. On ouvre le fac dans le milieu de la tabagie que les employés appellent leur bureau. „Oh, *par Laurent David*, quel fpectacle ! des morts !....„ La frayeur s'empare de tous les efprits ; les commis en défordre fuyent de côté & d'autre : le cocher court fe cacher dans un cabaret voifin. Les cris éveillent enfin le profeffeur de la falubre faculté, qui s'étonne d'être ainfi refté en chemin & abandonné. Il appelle long-temps fon cocher qui paroît enfin. — Marchons donc.... & mon fac où eft-il ?... — Oh, M. ,il eft dans le bureau , mais, du diable fi j'y touche. — Les commis tout confternés encore reviennent l'un après l'autre , mais pas un ne veut approcher des prétendus canards. Le docteur infifte pour qu'on remette les chofes comme elles étoient & cite *les ordonnances du roi concernant les vifites,* où cette claufe eft expreffe. On fait venir la garde ; les commis font obligés d'obéir, mais leurs figures expriment affez combien il leur en coûte, & la pâleur répandue fur le vifage du vaillant fergent du guet, annonce que cette occafion eft une de celles où il aime mieux commander qu'exécuter. L'aventure fuivante n'eft pas moins plaifante.

Un original fe trouve dans ces voitures à deux

places qui conduifent à Verfailles & qu'on nomme
aſſez indécemment *pot de chambre ;* il avoit pour
compagnon de voyage un gros eccléfiaſtique avec
lequel il chercha à lier converfation. Tout fut dit,
lorfque ce dernier eut raconté le bon diner qu'il
venoit de faire chez le premier aumônier, & eut
ajouté qu'il avoit été à la cour pour folliciter le jugement d'une affaire qui intéreſſoit le chapitre dont il
étoit le *Théologal ;* après cela le chanoine ne tarda
pas à s'endormir. On étoit arrivé à la barriere, les
commis avoient demandé felon l'ufage, *ſi la voiture
ne receloit rien contre les ordres du roi ,* & le fommeil digeſtif du chanoine n'avoit éprouvé aucune
interruption. Son camarade ennuyé d'une telle compagnie répond avec humeur aux employés: *Je n'ai
qu'un Théologal , combien cela doit-il ?* c'etoit leur
parler hébreu : --- qu'eſt-ce que c'eſt qu'un *Théologal ?*
Je n'ai pas vu ce nom dans le tarif.... On compulfe
de nouveau le volumineux tarif, il n'y eſt pas queftion de *Théologal :* cependant il faut bien qu'il paye ;
s'il a été oublié , il faut y fuppléer. Un ancien fur-
vient : --- Eh bien qu'eſt-ce ? d'où vient votre embarras ?... --- Mais, *un Théologal !* nous ne favons
comment taxer cette bête... --- Vous êtes de bêtes,
vous-même ; c'eſt..., c'eſt *pied fourchu ,* cela doit.. ;
regardez à telle page du tarif.... On admire la pro-
fondeur du favoir de M. l'ancien ; on lui fait des
remercimens & on taxe le *Théologal* comme *pied
fourchu ;* le voyageur paye pour fon compagnon qui
ne ceſſe de dormir, demande une quittance ; on la
lui donne de *tant pour un Théologal.* Mon original
ne manque pas de reconduire le chanoine & de lui
faire mille civilités. Le lendemain à fon reveil, le
Théologal trouve un domeſtique qui lui demande ,

au milieu de beaucoup de complimens de la part de
fon maitre, le rembourfement des droits qu'il a
payés pour fon entrée à Paris, pendant qu'il dormoit. Le chanoine l'envoie promener. --- Mais, M.
voici une quittance : --- Voyons.....*Pied fourchu*.....,
reçu......pour un Théologal..... Je n'entends rien à
cela. Retournez-vous-en...,. Affignation donnée ; le
Théologal prend confeil ; on m'a affuré qu'il s'étoit
déterminé à arranger cette affaire.

Voici encore une aventure de *pot de chambre :*
Un militaire s'y trouve un jour allant à Verfailles
avec un officier de la bouche, d'une ampleur énorme
dont le voifinage l'incommodoit fort. Il réfolut de
s'en débarraffer. Au bout de quelques minutes, voilà
des convulfions affreufes qui prennent au militaire...---
Mais M., qu'avez-vous donc ? --- Ce n'eft rien, M.,
répond le jeune lieutenant en fe contenant, ce n'eft
rien.... Un moment après, les contorfions recommencent & le contróleur de la bouche renouvelle
fes queftions. --- Ce n'eft rien, vous dis-je, ne craignez rien, le mal n'eft pas encore à un dégré.... ----
Comment.... qu'eft-ce donc, expliquez-vous.... quel
mal ! J'ai eu, M., il y a quelques jours, le malheur
d'être mordu d'un chien enragé, on m'a confeillé
d'aller à la mer, & je vais à Verfailles chercher de
l'argent pour faire ce voyage.... Il n'avoit pas eu le
temps d'achever, que le prudent contróleur étoit
déjà en bas de la voiture. --- Bon voyage, M., il fait
beau, j'aime beaucoup à marcher.... Le lieutenant
continue fa route fort à fon aife, en s'applaudiffant
de fon ftratagéme. Son premier foin en arrivant à
Verfailles, eft d'en faire le récit ; long-temps après,
le gros contróleur fuant, effouflé, arrive pour faire
fon fervice, conte fon aventure, & loin d'être plaint,

il ne trouve que des rieurs qui fe moquent de lui. Pas un d'eux n'auroit peut-être été plus hardi ou plus fin.

Deux Dames de qualités ayant entendu parler d'une étrangere qui racontoit l'avenir, difoit-on, mieux que les hiftoriens les plus véridiques n'écrivent le paffé, réfolurent de la confulter. Elles fe préfentent un de ces jours chez la bohémienne, en allant au fpectacle, en grande toilette & ornées de tous leurs bijoux : *Mefdames*, leur dit la vieille forciere, *fi vous perfiftez dans votre deffein de fouiller dans l'avenir, il faut vous munir de courage. Tous les hommes ont un efprit familier qui eft fans ceffe attaché à leurs pas & qui ne fe communique point à eux, à moins qu'il n'y foit forcé par une puiffance fupérieure : cette puiffance m'a été donnée, & je ne puis faire avoir à chacune de vous un entretien avec fon efprit familier ; il relevera tout ce que vous defirez favoir du paffé, du préfent & de l'avenir, mais il eft des conditions auxquelles feules, il peut fe rendre vifible....* Quelles font ces conditions ? N'importe ; on s'y foumettra : on veut voir cet efprit, converfer avec lui, favoir une infinité de chofes..... — *N'y a-t-il aucun danger ?....* — *Non, ces efprits font bienfaifans, leur objet eft la confervation de chaque perfonne qu'ils font chargés de furveiller.* — *Renvoyons nos caroffes, ma chere, ceci vaut bien mieux que* Janot, *je veux jafer tout à mon aife avec ce brave efprit qui eft fi fort de mes amis & qui me dira fans doute les chofes les plus intéreffantes..... Bonne Dame ; parlez vite, que faut-il faire ?....* Il faut vous dépouiller de tous les ornemens qui voilent la dignité de l'homme & annoncent des idées & des vues toutes matérielles,

Adam lorſqu'il converſoit avec les eſprits, étoit dans une parfaite nudité ; cet état eſt plus rapproché d'eux, il.... — Comment nues ? il nous faut être nues comme l'étoit Adam ? — Oui, Meſdames, il ne faut pas le moindre vêtement étranger, le moindre acceſſoire matériel vous dépare, il faut paroître entiérement dégagées de tous les objets terreſtres. Au reſte que craignez-vous ? perſonne hors votre eſprit familier ne vous verra ; vous êtes en sûreté ici. Les belles Dames ſe déshabillent tout en faiſant des réflexions ſur cette ſinguliere cérémonie : robes, linge, joyaux & ajuſtemens ſont dépoſés dans une chambre ; quand elles ſont dans l'état de ſimple nature, on les fait paſſer chacune dans un cabinet ſéparé dont on referme ſoigneuſement la porte. — *C'eſt à moi à faire le reſte,* dit la ſorciere, *attendez maintenant l'effet de mes incantations, vous ne tarderez pas à l'éprouver.* Au bout de quelques minutes ſeulement, les belles dépouillées avoient déjà peine à contenir leur impatience : ce fut bien pis quand au bout d'une demi-heure, d'une heure, de deux heures enfin, le même ſilence, la même ſolitude regnoient autour d'elles. Elles éclatent à la fois : au même moment l'idée leur vient à toutes deux qu'elles pourroient avoir été trompées ; elles ſe mettent à crier de toutes leurs forces & bientôt à s'évanouir de frayeur. Des voiſins accourent : tout étoit fermé, il fallut appeller un commiſſaire, il arrive avec ſa ſequelle, on enfonce les portes & l'on voit deux femmes qui offroient à tous les regards un ſpectacle aſſez agréable, mais elles avoient perdu connoiſſance. Les ſecours qu'on leur donna, leur rendirent le ſentiment ; ce fut celui de la honte de ſe trouver dans un pareil état expoſées aux yeux de la multitude.

B 4

Le désespoir d'avoir été volées & cruellement abu-
sées, s'y joignit bientôt. La vieille après les avoir
renfermées avoit quitté l'hôtel garni où elle demeuroit,
& en payant son loyer sous prétexte d'un départ
précipité, n'avoit éprouvé aucune difficulté à emporter toutes les nippes des dames curieuses. Elles
n'apprirent donc autre chose, sinon qu'il falloit plutôt
croire aux fripons qu'aux esprits & aux sorciers.

Un jeune tapageur attendoit un fiacre sur la place
dans le fauxbourg *S. Antoine* : un seul arrive, il
monte dedans. — *Fouette, cocher, au Colisée !*
C'étoit proposer au cocher de parcourir au-delà du
plus long diametre de Paris.— *M.*, répond le cocher
avec le plus beau sang froid, *Je ne vous conduirai
pas.—Drôle, tu marcheras !* — *Non, M., je vous
le répete.* Grande altercation : opiniâtreté d'une part,
& de l'autre colere qui s'échauffe au plus haut dégré.
Monsieur, reprend le Fiacre avec un air très-philo-
sophique, *je vais vous prouver que je n'aurai pas
l'honneur de vous conduire : vous allez tirer l'épée
& m'en frapper, je vous donnerai un bon coup
de fouet, vous me passerez votre épée au travers du
corps : donc je ne vous menerai pas.* Le jeune homme
vaincu par l'excellence logique du Fiacre, descendit
sans répliquer & le laissa là.

La maison qu'occupoit M. C*** dans le temps de
son opulence, donnoit sur le jardin des Jacobins.
Ce financier avoit une niece fort jolie à laquelle étoient
attachées deux femmes-de-chambre qui ne le cédoient
point en agrémens à leur maitresse. Ces trois jeunes
personnes prirent goût à lorgner des novices Jacobins
qui comprirent les œuillades, escaladerent les murs
& grimperent dans la chambre de la Demoiselle. Les
orgies amoureuses durerent trois jours. Le maître

de la maison craintif & défiant , comme le font les riches, entend du bruit pendant la nuit , fait venir son portier, lui reproche sa négligence & lui témoigne ses inquiétudes. On fait des recherches & tout se découvre. La niece a été renfermée dans un couvent, les suivantes à l'hôpital & les novices.... peut - être jugés très-dignes d'être moines. On a ignoré leur sort.

La Demoiselle *Duthé*, l'héroïne de nos filles, a un jour essuyé une espéce de correction qui l'a un peu humiliée. Un équipage pompeux s'arrête à sa porte ; un jeune homme en descend, entouré de valets superbement habillés ; le jeune homme monte & s'annonce pour un étranger de la plus haute distinction : il hasarde un tendre aveu & l'appuie d'une promesse très-séduisante. La belle touchée par le singulier de l'aventure & plus encore par la somme d'argent offerte, céde aux tendres sollicitations de l'étranger , qui, lorsqu'il s'en sépara, eut soin de déposer sur la toilette une bourse très-pleine. A peine est-il parti que la Demoiselle *Duthé* ouvre sa bourse & n'y trouve que des jectons de cuivre. On a su le lendemain que le prétendu seigneur étanger étoit un valet-de-chambre qui avoit pris la livrée & le carrosse de son maitre & avoit engagé les laquais ses amis à le servir dans cette galante supercherie. La Dlle. *Duthé* est défolée de l'aventure & se promet bien, dit-on, de ne plus conclure de marché sans avoir ouvert la bourse & sans connoitre mieux ceux qui aspireront à ses faveurs.

Un jeune homme alloit prendre possession d'une terre dont il venoit d'hériter ; il menoit avec lui une Demoiselle de société joyeuse : sa voiture rompt prés d'un château ; il est obligé d'y entrer pour demander l'hospitalité. Introduit dans le sallon, il reconnoît bientôt plusieurs femmes de qualité dans la société desquelles il vivoit à Paris ; il annonce sa compagne pour une Dame du haut parage, dont le château étoit voisin du sien, & lui recommande à l'oreille, de bien soutenir son rôle. En attendant le rétablissement de la voiture, on propose aux voyageurs une partie de *Brelan* : la soi-disant Dame entendoit mieux un tout autre jeu ; mais enfin la voilà au *Brelan*, dont elle avoit quelques notions. A un coup considérable qu'elle avoit tenu, la Dame du château abat *Brelan*. „ Ah, „ je m'en f.... s'écrie la fille, je l'ai supérieur „... Son écuyer lui lance un regard sévere : pour raccommoder la chose, elle se hâte de dire sans se déconcerter : „ Je vous demande pardon, Madame, je ne m'en „ f.... pas. „

Les *gardes du commerce*, (*officiers* chargés d'arrêter les débiteurs *contraints par corps*) ont par fois des avantures fort désagréables. Un d'eux se présenta chez un marchand pour l'arrêter : celui-ci se réfugia dans une chambre aux entresoles d'où pendant que l'*officier* le suivoit, il se sauva en sautant de sa fenêtre sur celle de la maison voisine. Le garde du commerce étonné de le voir disparoître, monte sur l'appui de la fenêtre & considere en vain comment & où il a passé. Le débiteur avoit trouvé un asyle : la femme saisit l'instant favorable, pousse le garde & le fait tomber dans la rue où il se casse un bras & une jambe. De là deux plaintes criminelles, celle de l'officier de police & celle de la marchande qui, bien /conseillée, l'a accusé d'avoir négligé ses fonctions & laissé fuir le mari pour satisfaire sa passion avec la femme. Il vouloit, dit-elle, la violer, & en se défendant près de la fenêtre qui est en effet très-basse, elle l'a repoussé assez violemment pour le précipiter ainsi.

Un de nos Financiers de la premiere claffe, & ce qu'il y a de plus fingulier, l'héritier de riches ancétres, eft le fruit d'amours qui trouvent rarement grace devant les courtifans de Plutus. Celuî quî donna le jour à M. de *Savalette* conçut à l'âge de vingt ans la paffion la plus violente pour la fille d'un vinaigrier qui toutes les femaines apportoit fur une petite brouette la provifion de la maifon. Le jeune homme avoit inutilement effayé de faire fa cour à la Demoifelle ; l'honnêteté du pere, les vertus dont elle avoit reçu de lui des exemples & des leçons, éloignoient les adorateurs, & notre amoureux étoit confumé d'une paffion à laquelle l'efpérance même étoit refufée : il en tomba malade ; une mélancolie fecrete le conduifoit au tombeau, lorfque fon pere qui l'aimoit tendrement, qui n'étoit pas entiérement affervi aux préjugés de fon état, & qui favoit apprécier la vertu fous tels dehors qu'elle fe montrât, apprit la caufe de fon mal, eut la générofité de lui pardonner & même de lui permettre l'efpoir du reméde. Le Vinaigrier avoit de fon côté fait la même découverte dans le cœur de fa fille, lorfqu'il fut ce qui fe paffoit chez le financier, fon voifin & fa pratique ; un beau matin il entre chez lui avec toute la familiarité d'une ancienne connoiffance & pénetre en pouffant fa brouette jufqu'au cabinet du Créfus, traverfant malgré les efforts des domeftiques, une fuite de pieces richement ornées au rez-de-chauffée. Le financier eft étonné de la vifite & de l'attirail qui précédoit. ,, Monfieur, lui dit le
,, Vinaigrier, cette brouette doit être plus éloquente
,, que moi pour la demande que je viens vous faire.
,, Nos enfans s'aiment, ils font fages & bien élevés
,, tous deux, il faut en bons peres que nous les
,, uniffions ; voici la dot de ma fille, c'eft un bien

,, dont je n'ai pas à rougir, le fruit de mon écono-
,, mie pendant quarante ans de travaux que le ciel a
,, fait profpérer. ,, En difant ces mots, le bon homme
ouvre le baril de fa brouette & en répand à terre
plufieurs milliers de louis d'or qui furprirent étrange-
ment le financier & ne contribuerent pas peu à hâter
l'union des deux amans. De ce mariage long-temps
heureux font nés plufieurs enfans ; ils n'ont perdu que
depuis peu d'années une mere refpectable par des
fentimens & des vertus qui n'accompagnent pas toujours l'éclat du haut rang. M. *Mercier* a changé un
peu cette aventure pour en faire le fujet du drame
intitulé : *la Brouette du Vinaigrier.* Dans cette piece,
c'eft le fils même de l'artifan qui époufe la fille d'un
négociant dans le moment que celui-ci éprouve une
faillite qui entraine fa ruine.

Quand le malheur veut qu'une jeune fille n'ait pas
affez de force pour combattre la nature & une paffion
qui quelquefois, n'a dans fon principe rien de repré-
henfible, il eft rare qu'elle ne trouve des moyens
pour cacher les fuites de fa foibleffe. Lorfque le mal
en eft fait une fois, il femble que des parens fages
& prudens doivent fe mettre de moitié avec la victime infortunée de l'amour & des conventions. Il
faut attendre que l'effet du vin foit diffipé pour faire
la leçon à un homme qui s'y livre trop ; & comme
dans les intrigues de cœur la publicité eft fouvent le
plus grand mal, des parens bourrus & emportés ont
plus de tort qu'une fille fenfible & fans expérience,
lorfqu'ils ne l'aident pas à cacher fa faute. Madame
C*** mere refpectable & adorée de fes enfans penfe
ainfi, mais elle eft unie à un homme dont les principes font très-différens. Un jour elle découvrit un
myftere que fa fille s'étoit efforcée envain de lui

cacher ; elle en obtint l'aveu ; un cœur simple & innocent ne peut employer long-temps la diffimula- tion avec une mere tendre & chérie. Madame C*** effuye les larmes de fa fille, & lui promet fon fe- cours, pour dérober cette aventure à un pere redou- table. L'inimitable mere feint qu'elle eft elle - même enceinte, & félon l'ufage qu'elle avoit établi dans fon ménage, interdit à fon mari l'entrée de fon appar- tement, à toutes les heures où il auroit pu dévoiler le myftere : des hardes artiftement arrangées, de petites précautions de fanté, & des foins de toute efpéce annoncent à tout le monde la groffeffe de Madame de C***. Le moment fatal approche : cette mere généreufe paroit defirer que fa fille foit témoin de toutes les circonftances de l'accouchement, pour lui fervir d'utile leçon ; le chirurgien étoit du fecret: quand le pere entre il voit fans furprife dans le lit avec la prétendue accouchée, fa fille qui feignoit d'être malade de l'effet du fpectacle touchant auquel elle avoit affifté ; il donne mille témoignages de ten- dreffe à un petit fils, qu'il croit lui appartenir de plus près ; l'enfant eft nourri dans la maifon ; fa mere véritable a du moins la confolation de l'embraffer comme fon frere. Elle peut aujourd'hui le regarder fans rougir, puifqu'elle eft à la veille de s'unir à celui auquel il doit le jour. Elle n'a pas ceffé d'être ver- tueufe, quoiqu'elle ait commis un attentat contre la vertu. Quelles fuites cruelles auroit eue avec une mere moins indulgente, une foibleffe excufable à bien des égards !

Un jeune homme avoit affigné un rendez-vous à une Demoifelle fort aimable & qui étoit fous l'aile de fes parens. Elle s'échappe pour quelques inftans & vole au jardin du *Luxembourg* qui étoit le lieu

indiqué : elle y trouve en effet son amant ; ils se
disent des choses fort tendres, & en viennent même
à des aveux qui n'étoient que trop naïfs : un libertin
rufé les écoutoit avec attention. Les amans se sépa-
rent & vont chacun de leur côté. Le spectateur malé-
vole se montre à la Demoiselle qu'il avoit suivie, au
moment même qu'elle rentroit chez ses parens, la
jeune personne est effrayée ; elle l'est bien davantage
quand cet homme peu délicat lui dit : „ J'ai entendu
„ votre conversation avec M. ***, car j'ai appris son
„ nom de vous-même : je me rappelle jusqu'à la der-
„ niere syllabe de vos propos ; ils n'étoient pas tout
„ à fait innocens ; en conséquence j'entre avec vous
„ chez vos pere & mere & je les instruits de tout. „
La Demoiselle allarmée se jette à ses pieds, pleure :
il est inexorable, enfin il lui dit : „ Vous me touchez,
„ je veux bien vous garder le secret, mais c'est à
„ une condition. „ La Demoiselle est accablée de
désespoir quand elle est informée de la condition :
cependant le coquin persiste ; enfin la pauvre fille
toujours épouvantée & redoutant qu'il n'entrâ chez
ses parens, n'obtient qu'à ce seul prix la pitié & le
silence de ce scélérat. Ce qu'il y a de plus affreux, il
court se vanter par-tout de sa bonne fortune : le bruit
en est venu aux oreilles des parens qui ont fait renfermer la Demoiselle : elle se voit aujourd'hui désho-
norée, & assûrément elle seroit rejettée de son amant
quand même elle lui seroit rendue. Voilà un exemple
des sentimens de nos agréables qui font les délices
des sociétés de bon ton & se glorifient de l'épithete
de *roués* dont ils mériteroient la réalité.

La Demoiselle *Quincy*, courtisanne assez jolie,
avoit un jour par malice ou par étourderie, donné
rendez-vous, pour le même soir, à trois différentes

perſonnages. Les trois galans ſe ſont rencontrés ; au moment qu'ils ſe débattoient & qu'ils ſe plaignoient de la générofité de la belle qui vouloit faire tant d'heureux à la fois, a paru un quatrieme qui la tenoit par la main & dit aſſez plaiſamment aux autres : „ Meſſieurs. je ſuis le véritable amphitrion : dans „ une couple d'heures je pourrai ramener Madelie. „ En attendant je vous conſeille de réfléchir ſur la „ bizarrerie de la circonſtance & ſur la fidélité des femmes. „ Il eſt bon d'obſerver que les trois infortunés étoient un abbé, un homme de robe & un financier : celui qui parloit ſi haut étoit un officier à larges épaules, âgé de vingt-deux ans, qui ne demandoit pas mieux que d'inſulter à la confuſion de ces Mrs.

Qu'on diſe que nos filles galantes ne connoiſſent pas la force du ſentiment ; la petite anecdote ſuivante convertira ſur ce ſujet les incrédules. Une de ces Demoiſelles à la mode avoit un beau perroquet qu'elle aimoit *plus que ſa vie*. Elle eût donné tous ſes amans pour l'oiſeau chéri ; le voilà qui s'envole ; un bel eſprit qui voudroit profiter de l'occaſion diroit que cette fuite étoit un mauvais augure pour la Demoiſelle, & qu'elle lui annonçoit que l'amour s'envoloit avec le perroquet : quoiqu'il en ſoit, voilà la nouvelle *Lesbie* qui ſe lamente, qui pleure, qui s'arrache les cheveux ; dans ſa douleur elle s'écrie : „ Ah ! mon „ pauvre perroquet, je ne ſais ce que je donnerois „ pour le ravoir ; ma foi, qui me le rapporteroit, „ coucheroit avec moi. „ C'eſt Vénus qui fait la promeſſe de payer d'un baiſer le retour de ſon fils. Le lendemain de ce ferment paroit un grand porteur d'eau très-robuſte tenant le perroquet ſur ſa main. — „ Mademoiſelle. j'étois hier dans votre cuiſine, j'ai „ entendu ce que vous promettiez, cela m'a mis le

,, cœur au ventre, bref voilà votre oiseau que j'ai
,, retrouvé, vous êtes trop honnête Demoiselle pour
,, m'escroquer ma récompense. ,, Qui fut un peu
embarrassé, ce fut la maîtresse du perroquet ; un
porteur d'eau salir la couche où l'on reçoit M. le duc,
M. l'évêque, M. le président ! Elle offrit une somme
d'argent assez considérable : — ,, Eh fi donc, Made-
,, moiselle, ce n'est pas là mon paiement, je ne veux
,, point d'argent, mais avoir l'honneur, comme
,, vous l'avez promis, de coucher avec une aussi jolie
,, personne que vous ; allez, quoique je ne sois pas
,, un gros seigneur, *Jacques* en amour vaudra bien
,, un autre. ,, La Demoiselle qui se piquoit de no-
blesse dans ses procédés, pousse un grand soupir,
le reste des combats de son orgueil, & accorde sans
réserve au porteur d'eau la récompense promise. Elle
dit assez plaisamment en sortant de s'acquitter : ,, Je
,, n'en suis pas fâchée, *Jacques* est un homme tout
,, comme un autre ; ,, & elle courut oublier avec
son perroquet le prix qu'il lui avoit coûté.

M. *de la Reyniere*, fils du fermier général de ce
nom, a donné un souper célèbre pour sa singularité.
La forme & la formule des billets d'invitation étoient
celles des billets d'enterrement. Comme il est origi-
naire de *Provence* & parent d'un charcuitier, il annonçoit que l'huile & le cochon ne manqueroient pas (ce
sont ses termes.) Entre dix - sept services, il y en a
eu un tout entier qui a parfaitement justifié l'annonce.
Les convives ont fait spectacle sur la fin du festin ;
le public a été introduit & a circulé autour d'une
balustrade qui environnoit la table. On a distribué
aux amateurs les superbes debris de ce superbe festin. M. *de la Reyniere* a fini par les prier de publier
ce qu'ils venoient de voir. Comme toute singularité a
ordinairement

ordinairement un motif, on prétend que celle-ci a eu pour objet d'humilier la hauteur de Madame *de la Reyniere*, mere de l'hôte singulier. Il n'y avoit pas un seul des convives qui ne fût un bon roturier.

Quand on eut apposé les scellés sur les effets de feu M. de *Chateaublanc*, inventeur & entrepreneur de l'illumination de Paris, on entendit les cris d'un jeune chat renfermé dans un armoire : la pauvre bête effrayée sans doute de l'appareil de *Thémis*, avoit été se cacher dans un des réduits que les sceaux de cette déesse rendoient impénétrables. On ne crut pas qu'un misérable chat valût les frais de convocation de commissaire, procureurs & témoins, nécessaires pour faire l'ouverture de l'armoire : peut-être aussi les héritiers craignirent-ils que l'ame du défunt ne se fût fourrée là sous la forme d'un chat; & ils ne se soucioient pas qu'elle revît la lumiere. Enfin les scellés furent levés, & l'on fut fort étonné de voir le jeune Rominagrobis bien maigres, mais très-vivant après une prison & un jeûne de vingt-quatre jours.

Le fils d'un marchand de cette ville, étoit dans une pension pour y faire ses études : il s'engagea dans un régiment en garnison à *Eu*, dans le pays de *Caux* & y fut envoyé sur le champ. Arrivé là, l'argent lui manque, il écrit à son pere pour lui en demander; mais celui-ci trop irrité, ne lui fait pas de réponse. Le jeune soldat s'adresse à ses anciens camarades, & leur expose sa misere. Leurs petits cœurs s'émeuvent, leurs têtes se montent; ils mettent en commun tout ce qu'ils possédent, & parviennent à former une somme de 60 liv. On charge le plus âgé, qui ploie le trésor dans un papillote, l'insére dans une lettre & la présente à la poste pour l'affranchir. Le commis s'apperçoit que la lettre contient de l'argent, la refuſe & demande 3 livres pour le port de l'argent. L'écolier pris au dépourvu, ne voulant point entamer les deniers publics, reprend ſa lettre, revient chez ſon pere, vend ce qu'il a, ſe procure par ce moyen violent cinq petits écus ; part à pied pour la ville d'*Eu*, & remet le dépôt dans les mains de celui même auquel il étoit deſtiné. Ce départ inquiéta fort le pere de l'enfant, ſurtout quand il apprit la commiſſion qu'il avoit acceptée ; mais il eſt revenu après avoir rempli des obligations qu'il regardoit comme ſacrées ; il a repris ſes fonctions avec toute la modeſtie d'un cœur ſatisfait, & probablement convaincu de bonne-heure, qu'il eſt plus doux de donner que de recevoir.

Un officier général étoit en voyage : il voulut paſſer la nuit dans un château abandonné : on eſſaya de l'en détourner, ſous prétexte qu'une quantité d'eſprits s'en étoit emparée, & que probablement ils lui feroient mal paſſer ſon temps. Trop éclairé pour avoir peur des revenans, trop brave pour être effrayé par ceux qui auroient voulu les contrefaire, preſſé d'ailleurs par un temps affreux qui ne lui permettoit pas de paſſer la nuit à la belle étoile, mon général s'étend tout armé ſur un lit de camp & y dort profondément. Peu après s'être couché il voit entrer une compagnie d'hommes & de femmes bien vêtus & qui lui paroiſſent fort joyeux. On ſert un grand ſouper & l'on alloit ſe mettre à table lorſqu'une des Dames jette les yeux ſur le lit où étoit l'étranger, court à lui & l'engage par mille propos obligeans à prendre ſa place au feſtin. Après le ſouper un orateur de la compagnie s'adreſſe au général & lui dit : *M., nous ſommes les gardiens d'un tréſor qui vous appartient, ſuivez-nous on vous le remettra.* La ſociété joyeuse l'entraîne dans un champ. *Là, lui dit-on, à cet endroit même, sont déposées dans le sein de la terre, des richesses que nous devons laisser en votre possession.* A ces mots tout disparoît. Le général sans instrumens, sans secours au milieu de la nuit est obligé de remettre au lendemain les fouilles qu'il falloit faire pour découvrir le trésor. Il craint de ne plus reconnoître la place ; l'idée lui vient de la marquer en satisfaisant à la fois à un besoin pressant qui lui étoit survenu ; ce projet est exécuté : un moment après il s'éveille ; il avoit fait un beau rêve, il retrouve dans son lit la marque qui devoit lui servir de renseignement, mais le trésor n'y étoit pas.

Souvent de faux monnoyeurs en s'établissant dans de vieux manoirs, ont trouvé le secret d'en éloigner les curieux, en accréditant les rumeurs populaires qui rendoient leur séjour redoutable. On peut être assuré que les lieux où le peuple prétend que *des esprits reviennent*, servent ou ont servi de retraite à des gens de cette espéce ou à des troupes de voleurs, de contrebandiers, &c. Un de nos seigneurs s'égara un jour à la chasse & alla chercher un asyle dans une vieille mazure qu'il découvrit au milieu de la forét. Bientôt le bruit des balanciers l'instruisit du métier qu'on y faisoit ; il veut se retirer ; des hommes armés se présentent à lui. „Tu as troublé,
„ lui dit-on d'un air menaçant, la tranquillité dont
„ nous jouissons graces à la terreur que nous avons
„ su inspirer au peuple, qui croit que de malins
„ esprits habitent ces lieux. Tu nous a surpris, tu
„ as été voué au trépas ; un de nous qui te connoît
„ a sollicité ta grace : on te l'accorde sous la condi-
„ tion que tu vas donner ta parole d'honneur de ne
„ dévoiler jamais ce qui se passe ici. Si tu étois assez

,, lâche pour trahir la confiance que nous avons en
,, toi, tu ne pourrois nulle part échapper à nos
,, coups. ,, M. le duc promit : on lui donna des ra-
fraichissemens & un guide pour le conduire. Quelques années après, il avoit oublié cette aventure ;
deux hommes magnifiquement vêtus se présentent à
son hôtel ; on les introduit. ,, M., lui dit l'un d'eux,
,, vous avez eu entre vos mains le sort d'une
,, compagnie de gens qui s'étoient trouvés forcés
,, de faire un métier dont ils rougissent maintenant.
,, Ils y ont renoncé & se rappellent avec reconnois-
,, sance votre conduite à leur égard & l'exactitude
,, avec laquelle vous avez conservé leur secret. Ils
,, vous rendent la parole que vous leur avez donnée
,, & nous ont chargés de vous présenter les homma-
,, ges de leur gratitude. ,, M. le duc conduit vers
la fenêtre de son cabinet, vit avec surprise dans sa
cour, une voiture de la plus grande richesse attelée
de six chevaux superbes. C'étoit un présent des faux
monnoyeurs vétérans. Il se retourne vers les incon-
nus, ils s'étoient évadés & il n'en a pas entendu
parler depuis.

Un fermier général aimoit sa femme & s'en croyoit
adoré ; il étoit d'une gaieté cruelle & sans exemple,
quand il pouvoit médire des autres femmes ; il insul-
toit aux victimes de leurs galanteries, & après toutes
ses déclamations contre les deux sexes, il finissoit
par vanter son sort. ,, Pour moi, disoit-il, j'avoue
,, que j'ai dans mon lot le bonheur de tous les
,, autres ; j'aime assez ma femme & la tête lui tourne
,, pour moi. ,, Notre financier dormoit paisiblement
sur cette heureuse idée ; il reçoit un billet qui contenoit ces mots : ,, Vous êtes un impertinent avec
,, votre bonheur que vous nous jettez au nez ; mon

(37)

,, ami, vous êtes cocu tout comme un autre, & fi
,, demain matin vous voulez vous en convaincre
,, par vos propres yeux , montez vers les neuf heu-
,, res à votre grenier, & vous trouverez Madame
,, dans une fituation non équivoque. ,, Le financier
déchire le billet, le met en morceaux, & refte bien
convaincu que l'avertiffement n'eft qu'une infulte
qu'on prétend lui faire. Cependant il prend la réfo-
lution de tenter l'aventure. Le lendemain à l'heure
indiquée , il monte au grenier, & avant que de voir
il entend ces paroles très-claires : ,, Eh ! Guillaume,
,, laiffe-là tes chevaux & penfe-moi, car j'en ai plus
,, befoin qu'eux ; mon benêt de mari.... ,, L'époux
furieux ne laiffe pas achever, il fe précipite vers l'endroit d'où partoit ce galant entretien : fa femme l'apperçoit, elle fe retire majeftueufement, il veut lui
donner des coups, elle, comme un nouveau Themif-
tocle : — ,, Frappe-moi, mais écoute ! j'en avois
,, une furieufe envie, & ton cocher m'a paru un
,, homme fans conféquence ; je ne t'en aimois pas
,, moins, crois-moi, n'allons pas nous brouiller pour
,, des bagatelles de tempéramment ; mon ami, le
,, cœur fait tout. ,, Le financier étoit demeuré immobile, ftupide d'étonnement ; il ne s'attendoit pas
à cette audace de fa femme. A la bonne-heure qu'il
ne reçut pas en plaifantant cet aveu, mais il a eu
la fottife d'aller divulguer fon hiftoire, & jugez comme
il eft blâmé ; il n'a point agi comme ce mari de bon
fens qui revenant de l'Amérique, trouva fa femme
lui préfentant fix jolis enfans, il demande tranquillement : Qu'eft-ce que cette troupe d'amours ? ,, Eh !
,, ce font nos enfans, reprend férieufement l'hon-
,, nête Dame.---- Je ne me croyois pas une fi aima-
,, ble famille. ,, Un moment après : ,, Ah ça, ma

C 3

,, bonne , nous n'en ferons plus d'autres , nous en
,, avons affez, n'eft-ce pas ? --- Comme vous vou-
,, drez , mon ami. ,, Voilà ce qu'on peut appeller
le héros des maris françois.

Feu M. *Duclos*, fecretaire de l'académie étoit à
fe baigner dans la feine, près du bateau où *Poitevin*
fournit à nos élégantes les moyens de fe rafraichir
la peau. Une belle Dame arrivoit dans une voiture
fringante ; le cocher n'apperçoit pas un trou près du
rivage, la roue tombe dedans, le caroffe fait la cul-
bute , & voilà la petite maîtreffe dans la boue d'un
côté , & fes grands laquais de l'autre. *Duclos* fort de
l'eau tout nud & accourt à elle. La jeune Dame eft
un peu étonnée de la fituation où fe trouve l'officieux cavalier. --- Mille pardons, Madame, lui dit-il
fans fe déconcerter & en lui préfentant la main, excu-
fez mon incivilité.... pardonnez-moi de n'avoir pas de
gants.

Deux amis étoient allés à Rheims pour la cérémonie du facre ; ils y firent la connoiffance d'un Champenois opulent. ,, Meffieurs, leur dit-il un jour, je
,, fuis garçon & je voudrois me rendre la vie la plus
,, agréable poffible. J'ai dans mon coffre cent mille
,, livres que je voudrois placer en viager ; je trouve-
,, rai difficilement mon affaire ici ; rendez-moi le fer-
,, vice de me procurer un bon emploi de cette na-
,, ture pour mon argent : la capitale en offre mille
,, occafions.... ,, Les deux amis fe concerterent ; ils
avoient remarqué fur le vifage du Rhémois, tous
les fignes d'une mauvaife fanté ; ils vont trouver fon
médecin qui leur avoue qu'il porte avec lui le germe
de plufieurs maladies mortelles : ils obtiennent de lui
un état circonftancié des maux qui menaçoient les
jours de leur homme, de fa conftitution & de fa

fituation : ils envoient ce mémoire à Paris & le font
confulter par les plus habiles de notre faculté. Le
Champenois eft condamné à vuider bientôt la furface
du globe. Les deux parifiens fur la foi de cette con-
fultation lui offrent de prendre eux-mêmes fon argent,
lui donnent toutes les sûretés qu'il exige, contractent,
& au bout de quatre mois l'impitoyable mort qu'ils
avoient fu mettre dans leurs intérêts, les délivre du
paiement de la rente.

Un homme reçoit d'un port de l'Amérique une
lettre conçue en ces termes. ,, Je fuis enfin arrivé
,, ici, après une traverfée heureufe. Elle n'a même
,, préfenté aucun événement remarquable ; celui-ci
,, feul peut mériter votre attention : un moufle eft
,, tombé du haut du mât fur le pont & s'eft caffé
,, une jambe : on la lui a liée fortement avec une
,, corde, & un moment après il a pu s'en fervir
,, comme avant l'accident. Je ne puis trop admirer
., l'adreffe de celui qui a fait l'opération & fon entier
,, fuccès. ,, Cette lettre portée à l'académie de chi-
rurgie, a fait donner au diable les fuppôts de faint
Côme : ils ont fenti l'infériorité de leurs talens, à
ceux du marin qui avoit fi habilement rétabli en un
inftant une jambe caffée. Quelqu'un même avoit compofé un ouvrage très-favant où il démontroit de la
maniere la plus claire, les moyens phyfiques par
lefquels s'opéroit une cure auffi étonnante. Ce livre
curieux & important alloit être confié à la preffe,
lorfque mon homme reçut une feconde lettre de fon
ami : on y lifoit cette phrafe. ,, Je crois avoir oublié
,, une petite circonftance dans le récit de l'événe-
,, ment dont je vous ai fait part derniérement. La
,, jambe que le moufle en queftion s'eft caffée étoit

„ de bois. „ Qui fut fot? c'eſt l'érudit diſſertateur ;
il eſt difficile de ne pas en rire.

Le prince D*** a donné à Rome, un bal ſuperbe
avec promeſſe qu'on ne ſe démaſqueroit pas. Chaque
homme pouvoit y amener une femme. Au milieu de
la nuit, le prince pria avec inſtance les perſonnes
qui aſſiſtoient à cette fête, de ſe démaſquer, afin,
diſoit-il, de connoître ceux qui lui avoient fait l'honneur d'embellir ſon bal. Il pria de ſi bonne grace,
qu'on ne put réſiſter. Il s'y trouva nombre de princes
de l'Egliſe qui y étoient venus avec des femmes de
leurs amies. On promit le ſecret & le reſte de la nuit
ſe paſſa très-gaiement.

Un Garde du Roi montant le grand eſcalier à Verſailles, derriere une Dame de haute qualité, oſa lui
mettre la main ſous le jupon. La Dame ſe fâche beaucoup ; mais le coupable lui dit ſans ſe déconcerter :
*Ah, Madame, ſi vous avez le cœur auſſi dur que
les feſſes, je ſuis un homme perdu.* L'offenſée ne
put s'empêcher de rire, & pardonna l'indiſcrétion
ſans doute en faveur du compliment.

M. de C. exempt des gardes du roi & beau-frere
de M. le marquis de P. ſe trouvoit avec ſa femme à
un grand ſouper. Quelqu'un racontoit des hiſtoires
de voleurs. M. de C. prit la parole & dit, que ce vice
là étoit plus répandu qu'on ſe l'imaginoit, & qu'il
avoit des exemples que des jeunes gens de qualité s'y
laiſſoient entraîner. A ces mots Madame de C. veut
faire taire ſon mari. Quelqu'un de la ſociété, ſans
doute pour contrarier la Dame, engagea le mari à
pourſuivre ; il ne ſe fit pas beaucoup prier & continua ainſi. *Au commencement de mon mariage, je
ne couchois point avec ma femme. Un ſoir qu'elle
étoit au lit, j'allois lui ſouhaiter la bonne nuit,*

lorsque j'entendis du bruit dans sa garde-robe : je prends un flambeau, j'entre, je vois quelqu'un qui se cache sous une robe, je la leve & j'apperçois le plus beau jeune homme qu'il soit possible de voir. Je lui demande ce qu'il fait là. Mon jeune homme me répond d'une voix tremblante : Monsieur, excusez-moi, j'ai honte de vous avouer que mon projet étoit de dérober un bijou dont vous n'avez pas assez de soin. Comment, lui dis-je, n'êtes-vous pas honteux de faire un si vil métier ? vous mériteriez que je vous fisse arrêter ; mais sa beauté m'intéressa & je le laissai aller. Vous pensez bien que ma femme étoit plus morte que vive de peur. Quelque temps après j'allai chez le roi, j'ouvre la porte de la chambre : ne voilà-t-il pas mon voleur que je vois dans le milieu de l'appartement. Je dis à l'huissier ; que faites-vous ici de ce grand coquin là ? l'huissier me répondit : Que dites-vous, Monsieur ? c'est M. le chevalier de C. Eh bien mon ami, ai-je repris, M. le chevalier de C. est un voleur, & il n'a tenu qu'à moi de le faire pendre. On sent comme une pareille histoire a dû amuser la société aux dépens du conteur, & que pour avoir des rieurs de son côté, il a fallu qu'il racontât lui-même cette aventure.

L'Evêque D***, métamorphosé en séculier va chez un Dame bienfaisante qui a des Demoiselles pour les menus plaisirs du public. Il croyoit être travesti ; il n'est pas aux prises avec une de ces jolies houris, qu'il s'élève un grand bruit. Un homme brutal veut absolument posséder la beauté que Monseigneur tenoit dans ses bras bénis. Enfin sa mauvaise humeur va jusqu'à enfoncer la porte du cabinet. *C'est vous l'abbé.* — *C'est vous Monseigneur :* voilà les deux exclamations qui échappent à nos saints personnages.

Je n'imaginois pas, Monseigneur, trouver votre grandeur en ce lieu ! — Et moi je ne croyois pas que vous fussiez assez libertin.... — Treve, Monseigneur, de reproches, tenez arrangeons - nous, je veux bien vous laisser Mademoiselle, je prendrai une sultane moins agréable, cela suffira bien à un Grand Vicaire. Après cela nous souperons gaiement, mais surtout point de déclamations, Monseigneur: ce n'est ici, j'en conviens, ni votre place ni la mienne : au demeurant, beaucoup de gaieté, & demain chacun reprendra sa place. Le prélat vit qu'il n'y avoit pas d'autre parti à prendre que de rire, & le couple sacré fut fort joyeux. La discrétion des Demoiselles n'a pas été à l'épreuve du plaisir de répandre l'histoire, qui à la vérité n'est pas des plus édifiantes.

Un jour que la reine étoit au spectacle en petite loge, un filou apperçut une bourgeoise renforcée qui faisoit grande parade d'une paire de bracelets qu'elle avoit : il se présenta à la loge comme venant de la part de Sa Majesté, qui avoit remarqué la beauté de ses bracelets, & desiroit en voir un de plus près : la Dame se hâta de le détacher de son bras, & de le remettre au prétendu officier de la reine ; mais celui-ci disparut avec le bijou. La Dame étoit à déplorer le lendemain son fort, lorsqu'il se présenta chez elle un exempt de police, dépêché par M. *le Noir*, lequel venoit l'avertir, qu'on avoit arrêté la veille au sortir du spectacle, un filou chargé de plusieurs bijoux, parmi lesquels il avoit accusé que ce bracelet appartenoit à cette Dame : le Magistrat la fesoit prier par une lettre, de remettre le pareil au porteur pour le confronter. Vous vous figurez aisément la joie de notre bourgeoise, les éloges qu'elle prodigua à la police, & les recommandations qu'elle fit à l'exempt, de rapporter preftement les deux bracelets, pour faire la paix avec fon mari, qui l'avoit furieufement tancée de fa fotte crédulité. Mais cet exempt n'a pas trouvé à propos de reparoître, & n'étoit que le confrere du foi-difant député de la reine.

Un homme d'un certain âge s'eft marié d'une façon qui paroîtra toute neuve. Las d'avoir été la duppe des femmes & voulant pourtant, comme on dit, faire une fin, il s'avife un jour qu'il étoit dans une nombreufe fociété où fe trouvoient plufieurs femmes à marier, de demander un chapeau ; il y met des billets blancs & un billet noir. Celui-ci, dit-il, doit gagner. On le queftionne en vain fur le prix attaché à cette loterie, & fur l'objet de ce qui paroiffoit un badinage. Les dames tirent à fon invitation ; le billet noir fort enfin : alors l'homme s'écrie : Meffieurs, voilà ma femme.... Il eft agréé & devoit l'être, car fa fortune eft confidérable : l'hymen s'eft en effet célébré tout de fuite & l'on s'eft beaucoup amufé à la noce. Le hafard peut fans doute faire d'auffi bons mariages que le caprice des parens & les raifons de convenance qu'on eft dans l'ufage de confulter.

Un habitant de Villejuif difparoît il a vingt ans. Sa femme s'accomodoit mal du célibat, elle charge quelqu'un de faire des perquifitions ; on lui envoie l'extrait mortuaire d'un homme qui portoit le même nom que le mari perdu. La bonne payfanne fe croit veuve & s'en confole bientôt dans les bras d'un nouvel époux. L'ancien revient un beau jour & reprend fa chafte moitié : procès entre les deux rivaux, dont le principal objet étoit l'exiftence d'un enfant provenu des noces intercalaires. Il a été décidé que cet enfant hériteroit & de sa mere & de celui qui l'avoit fait. Il ne devoit point être réputé bâtard, puisque ses pere & mere avoient obtenu de la justice ecclésiastique & civile, la permission de le fabriquer, & qu'ils étoient de bonne foi.

Le Lieutenant de Police s'étoit fait faire une perruque neuve pour le jour du mariage de sa fille ; un garçon perruquier apporta cette perruque dans une boîte ; le magistrat étant occupé congédia le garçon en lui disant de laisser la boîte. Le travail fini, il demande la boîte à son valet-de-chambre ; mais quelle fut sa surprise lorsqu'en place d'une perruque sénatoriale, il trouva un enfant mort ! M. *le Noir* fit aussitôt chercher le maître perruquier, qui voyant le fait, demanda beaucoup d'excuses, & conta que sa femme étoit accouchée la surveille, que l'enfant étoit mort peu après, qu'on avoit apparemment confondu les deux boîtes & enterrée celle où étoit la perruque. Ce *quiproquo* a beaucoup fait rire le Magistrat & son monde ; l'on ajoute que la perruque a été exhumée & l'enfant mis en terre à la place.

Un seigneur de la cour tenu pour avoir le goût ultramontain, M. le marquis de S., avoit, dit-on, invité un Page fort jeune & joli à dîner chez lui : celui-ci vint accompagné de cinq de ses camarades ; ils mangerent tous avec grand appétit & s'aviserent avant que de s'en aller, d'écrire sur un papier qu'ils attacherent au dos de l'amphitrion : *M. de S. est le plus grand B. de France.* Le pauvre marquis ainsi caractérisé eut le malheur de monter à *l'œil de bœuf* (l'antichambre du roi) & l'on conçoit le brouhahas que cette inscription occasionna. Comme plusieurs personnes avoient lu, le marquis de J. au lieu du marquis de S; (ces deux noms ne différent pas beaucoup) le premier a fait affembler tous les Pages chez le duc de *Coigny*, les a priés de vouloir bien reconnoître qu'il n'avoit jamais eu l'honneur de leur donner à dîner, en ajoutant : il n'y a point de différence entre la maifon de S, & celle de J., mais il y en a une très-grande entre moi & l'anti-phificien.

Une Dame de *Senneville*, femme d'un capitaine aux gardes-françaifes, qui eft morte depuis peu, fera pour des gens inftruits époque dans l'hiftoire. Née Américaine, d'une famille très-ordinaire, les charmes de fa figure lui attirerent l'hommage d'un officier général anglais. Des intérêts particuliers le firent rejetter : & cet anglais outré de défefpoir & d'amour engagea les hoftilités qui occafionnerent la guerre de 1754 & dont les fuites nous ont coûté fi cher. C'eft à ajouter au nombre des grands événemens produits par les petites caufes. Il y a fur cela des détails curieux qui font voir à quoi tient la confervation ou le bouleverfement d'un empire.

Un particulier à pied rencontra un jour M. *Bourdet* fameux dentifte. Il fait arrêter fa voiture, en feignant un grand mal de dents. — La douleur que je reffens, lui dit-il, eft fi vive que les forces me manquent & je fuis prêt à m'évanouir : fi vous retournez chez vous, accueillez-moi dans votre caroffe, pour m'y conduire avec vous.... Le chirurgien, moitié par compaffion, moitié par l'efpoir d'être bien recompenfé, propofe au malade d'interrompre toutes fes courfes pour apporter un prompt reméde à fon mal. Il donne ordre fur le champ à fon cocher de doubler la viteffe & de les conduire *à la maifon*. (*Bourdet* auroit dit volontiers *à l'hôtol*, car ces grands petits Mrs font fi vains, furtout quand ils ont caroffe !) Ils étoient dans le fauxbourg S. Antoine ; en très-peu de temps ils arriverent chez le dentiste qui demeure près du palais-royal. L'inconnu en descendant de voiture, dit à M. *Bourdet*. — Mille remercimens M. votre compagnie m'a soulagé suffisamment, le plaisir de me trouver promptement rendu dans un quartier où m'appelloit une affaire pressée, me guérit de tous mes maux : vous pouvez continuer vos courses.

Nous avons ici une espece de religieuses très-pauvres dont la communauté dépêche dans le temps du carême deux sœurs qui vont faire la quête. Ces sœurs connues sous le nom d'*hirondelle de carême*, se présentent dans toutes les maisons où elles espérent exciter-la charité & ne dédaignent pas d'employer des moyens purement temporels pour engager les amateurs des plaisirs de l'éternité à les mériter par de bonnes œuvres. L'image des félicités passageres de ce monde est en effet le symbole le plus attrayant de celles de l'autre vie, & c'est bien avoir senti cette vérité que Mahomet peut être regardé pour le plus habile de tous les fondateurs de religions. Revenons à nos *hirondelles de carême :* elles font toujours leurs courses deux à deux, l'une est vieille, est prudente, l'autre ordinairement jolie est jeune, vive & enjouée. La sainteté de leur état leur paroît un frein suffisant pour arréter les entreprises qu'on voudroit former contre leur vertu. Il arrive pourtant qu'elles font quelquefois les héroïnes d'aventures galantes. M. le comte de *** traitoit toujours très-bien les sœurs qui alloient chez lui & la communauté ne manquoit pas de lui envoyer toujour les mêmes, parce qu'on avoit remarqué qu'elles rapportoient au couvent de grandes marques de sa libéralité. L'année derniere l'une des deux étoit changée, & il en demandoit la raison, lorsque la vieille lui remit un gros paquet, en lui

difant : ,, La fœur Angélique qui depuis deux à trois
,, mois eft fort incommodée m'a chargée de vous
,, remettre ceci. ,, Les hirondelles fe retirerent fur
le champ & M. le comte eft fort étonné en déve-
loppant les linges dont le paquet étoit recouvert,
de voir un joli enfant de deux mois. L'enfant lui
tend les bras comme pour reclamer fon appui ; le
hafard fait qu'il tient dans l'une de fes mains une
lettre qui avoit été placée auprès de lui. Un témoin
de cette fcene touchante qui me l'a racontée, n'a
pu me dépeindre cette fituation fans attendriffement.
Le comte pénétrant tout le myftere mouilloit de fes
larmes le vifage de l'enfant qu'il preffoit contre fon
fein. Il fait enfin des efforts pour fe remettre & ouvre
la lettre avec tranfport. Tels en étoient à peu près
les termes. ,, Barbare féducteur , voilà la trifte victime
,, du complot que vous avez formé contre mon
,, innocence, avec le monftre abominable auquel on
,, l'avoit confiée. Cette vieille cache tous les vices
,, fous l'habit qui ne devroit recouvrir que des ver-
,, tus ; elle eft encore la feule à qui je puiffe remet-
,, tre ce dépôt myftérieux pour le placer dans vos
,, mains. Je ne puis cependant la détefter ; je ne
,, puis même abhorrer le crime dans lequel elle a
,, entraîné mon foible cœur, quand je fens que j'em-
,, porte au tombeau l'amour le plus tendre pour vous.
,, Je n'ai plus rien à déguifer, puifque bientôt mon
,, infortune fera enfevelie avec moi dans l'oubli du
,, néant. Il ne me refte pour moi qu'à implorer la
,, miféricorde de l'éternel ; mais ce malheureux enfant
,, dont le fort dépendra de vous, exige que je vous
,, dévoile des fecrets qui peuvent vous infpirer plus
,, d'intérêt en fa faveur. Je fuis cette malheureufe
,, perfonne avec qui vous danffâtes il y a deux ans

,, & que vous priâtes inutilement pendant tout une
,, nuit de se démasquer. Ma mere la marquise de ***
,, informée des démarches que vous aviez faites pour
,, découvrir qui nous étions, connoissant la violence
,, de vos passions & l'impossibilité où elle auroit été
,, de résister aux recherches d'un homme de votre
,, rang & de votre fortune, craignit que le peu d'at-
,, traits que j'ai reçu de la nature, ne donnât plus
,, de force à ces premieres impressions. Une préfé-
,, rence qu'elle a toujours accordée à mon frere aîné,
,, auquel elle a déjà sacrifié la liberté de deux autres
,, de ses enfans, l'avoit déterminée à me destiner au
,, couvent : elle se hâta d'exécuter cette résolution. Je
,, n'ose pénétrer les motifs qui l'ont engagée à choisir
,, pour moi l'ordre le plus austere, ne recevant de-
,, puis long-temps aucune de ses nouvelles ; j'ai appris
,, qu'elle étoit tombée dans une maladie de langueur
,, & qu,elle ne paroissoit plus s'occuper de moi en
,, aucune maniere. Les religieuses de mon couvent
,, ne tirant point de ma famille les avantages qu'elles
,, en avoient espéré, ont pris le parti de m'employer
,, à pourvoir aux besoins du couvent, en me compre-
,, nant dans le nombre des sœurs postulantes qui
,, font les quêtes du caréme. Ce détail, en excusant
,, un peu la foiblesse peut-être impardonnable d'un
,, cœur qui étoit déjà prévenu pour vous, vous
,, apprend que le sang qui coule dans les veines de
,, cet infortuné n'est point fait pour l'opprobre des-
,, tiné à ses pareils. Sauvez-lui celui que la faute de
,, sa mere pourroit lui faire partager ; & si vous refu-
,, sez quelques regrets à ma perte, laissez - moi au
,, moins la consolation d'emporter dans le tombeau
,, l'estime que vous devez à une malheureuse fille
,, qui n'auroit point à rougir , si elle ne vous avoit

,, pas

pas connu. ,, La lecture de cette lettre mit le comte hors de lui-même ; il n'épargna aucun soin pour découvrir sa chere Angélique qu'il avoit adorée dès le moment qu'il l'avoit vue ; sa paffion, qu'un habit qu'on croit incompatible avec la tendreffe avoit pu feul l'engager à combattre, fe ralluma avec fureur. Il a pénétré enfin au milieu du cloître où elle étoit prête à rendre les derniers foupirs. Après l'avoir rendue à la vie par des affurances non équivoques de fes fentimens, il l'a fait rentrer dans le fein de fa famille. Héritiere de grands biens par la mort d'une mere injufte & cruelle, elle doit devenir inceffament l'époufe de celui qu'elle regardoit comme fon bourreau.

Un voyageur anglois a donné au *Pont-de-Beauvoifin* une fcene affez finguliere pour un homme de fa nation, qui devroit être accoutumé aux vifites des commis de douane, puifque fon pays en eft hériffé. Cet anglois arrivé fur la frontiere, fut conduit à la douane pour être préfent à la vifite que les employés devoient faire de fes bagages : il avoit dans fa malle environ trente paires de bas de foie pour fon ufage ; on le preffa d'en acquitter les droits, à raifon de trois livres par chaque paire ; l'anglois demanda aux commis fi ces bas n'étoient pas à lui, & s'il n'étoit pas le maître d'en difpofer à fon gré : ,, Perfonne ne vous ,, contefte cette propriété, lui répondit-on ,, ; à ces mots le voyageur étale fes bas ; & les prenant les uns après les autres, il les coupe par le milieu, les jette dans la boue & les foule au pied avec toutes les apparences du plus grand fang-froid. Les employés eurent beau crier que ce n'étoit pas là ce qu'ils demandoient ; l'anglois continua fon opération finguliere, aimant mieux fe priver de fes bas que d'acheter le droit de traverfer la France avec eux. Si cet

(50)

homme foutient conftamment fon caractere ou fon humeur dans fon tour de l'Europe , il pourra bien avant la fin de fon voyage fe trouver avec fes males vuides.

Bien des gens croyent que le luxe dans les villes génant le goût pour les mariages, y fait préférer les richeffes, & qu'à la campagne le choix eft plus libre, moins intéreffé & par conféquent plus heureux ; un événement arrivé récemment dans un village à quelques lieues de Paris, peut fixer les opinions fur le défintéreffement des payfans en amour : un d'eux marioit fa fille, lui donnoit vingt-neuf écus de dot & l'ameublement ordinaire; les deux familles étoient affemblées avec les voifins, & le notaire finiffoit le contract, lorfque le mariage rompit fur une paire de pantoufles que le futur exigeoit, & que le pere de la fille s'obftina de refufer. Un des affiftans propofa fa fœur très-laide & plus âgée que l'autre, en offrant les vingt-neuf écus & les meubles. Donnerez - vous les pantoufles, dit le jeune homme ? Oui sûrement, répondit l'autre ; en ce cas, répliqua le jeune homme , faites-la venir, nous changerons les noms du contract. Ce qui fut exécuté fur le champ.

Un neveu du roi de *Maroc* vint, il y a quelques années, à *Paris*, en qualité d'ambaffadeur de fon oncle. On lui fit le plus grand accueil ; tous les Seigneurs s'emprefferent de lui donner des fêtes. Des plaifans profiterent de cette occafion pour faire une efpiéglerie à un marchand de chevaux nommé *Septenville*, fort riche & un peu ivre de fa fortune. Ils commencerent par lui perfuader qu'il devoit inviter le prince Marocain à une fête dans fa maifon de campagne, qui eft une des plus belles qui foient aux environs de Paris ; ils l'affurerent qu'ils avoient affez de crédit pour déterminer Son Excellence à accepter la fête & à l'honorer de sa préfence. Ils lui firent éntendre que la dépenfe que la fête coûteroit pouvoit lui être par la fuite de la plus grande utilité ; qu'une liaifon auffi diftinguée donneroit à fon commerce plus d'éclat & d'étendue, & que Son Excellence pourroit par reconnoiffance lui procurer des chevaux barbares. *Septenville* calcula tous les avantages qu'il pouvoit retirer & fe décida fans peine à recevoir l'ambaffadeur avec tout le fafte & toute la dignité convenables. Quelques jours après, on vint lui annoncer que Son Excellence confentoit à lui faire l'honneur de paffer la journée à fa campagne, qu'elle s'y rendroit tel jour, à telle heure. Voilà mon marchand de chevaux qui met tout en mouvement pour rendre fa maifon digne de recevoir un pareil hôte. Il commande un feu d'artifice à *Torré*. Il fait placer partout dans le jardin, dans la façade de fa maifon, dans l'intérieur, les illuminations les plus brillantes. Il fait venir à grands frais les muficiens les plus célebres. Il invite à la fête les perfonnes les plus propres à en faire l'ornement ; les gens de la cour, les étrangers les plus diftingués, & furtout les plus jolies femmes de l'opéra & des autres fpectacles. On penfe bien que le repas répondoit à tous ces préparatifs. Enfin le jour choifi, après s'être fait attendre quelque temps fuivant l'ufage, l'ambaffadeur accompagné de toute fa cour arrive dans un caroffe magnifique. On l'accueille de fon mieux ; on lui adreffe les chofes les plus flatteufes auxquelles il répond par le moyen d'un interprête. On le prie de chanter, il s'en acquitte avec la meilleure grace poffible. On joue, on fe livre à tous les plaifirs. *Septenville* ne fe poffédoit pas de joie. Il étoit tranfporté. Il n'ofoit point s'affeoir à la table d'un hôte aussi illustre. Une serviette sur le bras, il se tenoit derriere le fauteuil de l'ambassadeur & se faisoit honneur de le servir. Chaque convié prenoit part à la féte sans se douter de rien. Mais vers les trois heures du matin, plusieurs hommes vétus d'un habit écarlate avec de grands galons d'or, un bâton d'exempt à la main, arrivent. Ils viennent de la part du roi, arrêter le prétendu ambassadeur; *Septenville* s'apperçoit qu'il est la dupe d'une mistification. Il est furieux. L'ambassadeur, les gens de sa suite, les exempts, tout cela étoit supposé. Cette mistification fut bientôt répandue dans Paris & à la cour. M. le Comte d'*Artois* s'en divertissoit plus que personne, & le pauvre *Septenville* eut le double chagrin d'avoir dépensé beaucoup d'argent & de se voir l'entretien & la fable de tout Paris. Celui qui jouoit le rôle d'ambassadeur est un libraire nommé *Prault*, & surnommé *Prault blême*, attendu qu'il est-fort pâle. Il est précisément de la taille, de l'âge & de la figure du prince Marocain & tout le monde y a été trompé.

Une courtisanne feignit derniérement de vouloir se convertir; un honnéte dévot est tombé dans le piége : elle a demandé une somme d'argent pour payer, disoit-elle, ses dettes & se retirer dans un cloître d'où elle répandroit le bon exemple & l'édification. Le saint homme enchanté de faire un prosélyte au Seigneur s'est hâté de lui compter une somme d'argent assez considérable ; elle a effectivement payé des dettes qui la pressoient, ensuite à l'instant que le célebre bienfaiteur l'attendoit pour la claquemurer avec un esprit de charité & de pénitence, la Magdelaine mondaine a disparu, & s'en est allée avec un jeune homme dépenser l'argent qui

lui reſtoit. On a été fort ſcandaliſé de cette eſcro-
querie ; rien cependant de ſi naturel. Il falloit que
l'homme de Dieu , avant de lui offrir une pareille
brebis égarée s'aſſurât bien que ſon repentir étoit
ſincere. Il faut croire que le voilà corrigé du deſir
de faire des proſélytes.

Il s'eſt paſſé il y a quelques mois , une ſcene
affreuſe dans le jardin du *Luxembourg*. Un jeune
homme d'une figure aſſez avantageuſe , mari d'une
jolie femme eſt tranſporté de la double paſſion de la
jalouſie & du jeu ; il ſe munit de pluſieurs piſtolets
& d'autant de couteaux. Averti que ſa femme dinoit
au *Luxembourg* avec ſon oncle , il apparoit ſubite-
ment , lui lâche un coup de piſtolet , la manque &
lui porte un coup de couteau au ſein. Dans l'inſtant
on ſiffle pour faire fermer les portes. Alors le malheureux voyant qu'il ne peut plus s'échapper , ſe
donne à lui-même cinq à ſix coups & tombe mort
ſur le carreau. La bleſſure de la femme n'eſt point
mortelle. Les uns ont dit que c'étoit une femme
entretenue que ce jeune homme preſque réduit à
l'indigence avoit épouſée : d'autres , que c'étoit une
veuve fort à ſon aiſe , à laquelle il avoit fait accroire
qu'il avoit de la fortune. Quoiqu'il en ſoit , il avoit
vendu & joué tous ſes diamans.

Notre Robe fournit pluſieurs exemples de Magiſtrats en qui l'étude des loix n'a pas détruit les agrémens de l'eſprit. Les députés d'un de nos ordres, religieux qui a un procès conſidérable au parlement ,
ſont venus dernièrement faire leur cour au premier
préſident de ce corps. La juſtice doit ſans doute être
auſſi inflexible aux hommages , qu'inacceſſible à la
prévention ; ainſi il étoit bien permis de rire des
profondes révérences que multiplioient fort gauche-

ment les plaideurs enfroqués. Quelqu'un les fit remarquer au premier préfident : *Ne voyez-vous pas,*
répondit-il, *que ce font des cruches qui ne fe baiffent
que pour fe remplir.*

Une de nos beautés avoit accordé des faveurs très-
particulieres à un jeune homme qui l'avoit apparemment trouvée dans un bon moment. Cet heureux
amant croit devoir le lendemain une vifite à la belle :
il la trouve au milieu d'un cercle nombreux : elle
jette fur lui de dédaigneux regards & lui adreffe à
peine de temps en temps quelques demi-phrafes.
Notre élégant piqué lui demande tout bas fi elle a
déjà oublié ce qui s'étoit paffé entre eux la veille.
Comment Monfieur, lui dit-elle d'un air tout furpris !
eft-ce que vous prenez cela pour des efpérances ?
Le jeune homme pétrifié n'eut pas la force de réfuter
ce fingulier argument. Mais il eft impoffible de ne
pas convenir que les femmes d'aujourd'hui ont bien
perfectionné ce qu'elles appellent la *décence.*

Une fage-femme eft appellée auprès d'une femme
qui fe fentoit preffée par les avant-coureurs de l'enfantement. Au même inftant que la matrone arrive,
elle fe fent elle-même attaquée vivement par les mêmes douleurs. Les deux femmes accouchent enfemble; Une vieille domeftique qui les aide l'une & l'autre, dans le trouble où elle eft, place les deux enfans fur un même oreiller, fans remarquer lequel des
deux eft à fa maitreffe. L'un d'eux vient à mourir fur
le champ ; l'un & l'autre font mâles. Chacune des
deux meres réclame l'enfant qui refte vivant. Cette
difpute a occafionné un procès plus difficile à juger
que celui de Salomon.

Un foldat du régiment de *** quitte fa garnifon
fans le confentement de fes fupérieurs & vient à

Paris chez son colonel, pour demander une place de bas-officier qui se trouvoit vacante. Cette démarche légere l'exposoit à la peine des déserteurs ; la bonté de son colonel étoit son espoir & il savoit que ce moyen étoit le seul qui pût lui réussir. Dès qu'il entre dans l'hôtel, la femme du colonel l'apperçoit & est frappée de son air, de sa taille, de sa figure. Notre soldat étoit formé en Hercule & la marquise est *amatrice*. Un domestique vient au devant du voyageur & lui annonce que Mademoiselle *Julie*, premiere femme de Madame desire lui parler & l'attend dans la chambre où on le conduit. Là notre soldat trouve une jeune brunette aux yeux vifs, dans un déshabillé plus que galant & offrant par son attitude le tableau de la plus lascive volupté. — Que voulez-vous, mon ami, que demandez-vous à Monsieur ? votre physionomie me plaît & m'annonce que vous êtes un bon sujet ; j'ai la confiance de Madame, je l'intéresserai en votre faveur & Monsieur ne lui peut rien refuser.... Le soldat raconte le motif de son voyage ; on lui promet le plus heureux succès, — Asseyez-vous près de moi, eh ! vraiment vous êtes un fort joli homme, c'auroit été dommage qu'une taille comme celle-là n'eût pas été décorée de l'uniforme.... Mais il ne faut plus porter de ces vilains galons-là...., oh, bientôt ils seront d'argent..... Le soldat ne se sent plus d'aise & s'apperçoit bien qu'il lui vient deux bonnes fortunes à la fois. On se doute qu'une place qui s'offroit elle-même de si bonne grace à l'assaut, fut bientôt prise. Ce n'etoit pas le cas d'un blocus, on n'avoit pas de temps à perdre, & les troupes en deux minutes s'emparerent de la ville & de la citadelle. Après avoir joui pendant une heure de sa conquête, le soldat pensa à son affaire ; il étoit

D 4

important pour lui de reparoître au corps dès le lendemain. On le laiſſe ſeul ; une demi-heure après on
le vient chercher de la part du colonel ; — Un tel,
lui dit le marquis, ma femme s'eſt intéréſſée pour
vous, à la recommandation d'une fille en qui elle
a confiance, & m'a engagé, non-ſeulement à vous
pardonner l'indiſcrétion de votre démarche, mais
encore à vous accorder la grace qui en a été l'objet.
Ne perdez pas un inſtant pour rejoindre, j'écris au
major pour qu'il trouve un prétexte à votre abſen-
ce, mais je ne puis tolérer qu'elle ſoit plus longue....
Le ſoldat alloit partir après s'être exhalé en actions
de graces ; le marquis le rappelle.... — Mon ami,
attendez un inſtant, vous ſerez vous-même le porteur de mes ordres, & pendant que mon ſecretaire
les expédie, je veux vous préſenter à votre bienfaitrice ; paſſons chez Madame.... Le colonel & le nouveau ſergent entrent dans l'appartement de la marquiſe qui étoit encore en *déshabillé blanc*. Dès que
le ſoldat l'apperçoit, il ſaute au cou, — Ma chere
Julie, que je vous ai d'obligation !.... Le trouble de
la marquiſe à cette étrange algarade auroit bien ſuffi
pour déſiller les yeux d'un mari plus aveugle encore
que le colonel ; les circonſtances ſe multiplierent pour
l'éclairer. La véritable *Julie*, celle qui avoit prété
ſa chambre, ſon nom & ſon tablier, vient à entrer.
Le marquis la queſtionne & elle a la foibleſſe de tout
avouer. Le pauvre mari a balancé long-temps ſur le
parti qu'il avoit à prendre : l'exemple de quelques
milliers de ſes confreres l'a déterminé ; & il s'eſt
réſigné à ſon ſort. On aſſure même que la recommandation de cette chaſte épouſe a encore beaucoup
influence ſur ſon eſprit.

L'hiſtoire de la guerre d'*Amérique* qui vient d'être

terminée, offrira toutes les atrocités qui accompagnent toujours les guerres civiles. On raconte ce trait de l'affreuſe journée de l'incendie de *Charleſtown*. Dans la confuſion générale, tandis qu'une partie de la ville étoit en feu, un ſoldat écoſſois des troupes du roi enfonça la porte d'une maiſon : il pénétre dans l'intérieur, & y trouve une femme de la plus grande beauté, tenant par la main ſa fille âgée de cinq ans, & qui alloit monter à la chambre de ſon mari malade, pour l'aider à ſe ſauver. Le ſoldat, frappé de ſa beauté, commence d'abord par la preſſer de ſatisfaire à ſa paſſion, en lui déclarant qu'il n'y avoit pas de temps à perdre. L'inutilité de ſes inſtances le fait bientôt après recourir aux menaces & à la violence, ſans aucun égard pour les prieres de la mere & de l'enfant, toutes deux proſternées à ſes pieds. La petite innocente qui voyoit ſa mere ſe débattre contre ce monſtre, croyoit qu'il vouloit la tuer, & elle le prioit de ne pas ôter la vie à ſa mere. Les cris de la mere & de l'enfant parvinrent juſqu'à la chambre où le mari étoit couché. Quoiqu'il fût au lit depuis long-temps, il s'efforce de deſcendre, ſe ſaiſit d'une épée, & ſe traine juſqu'à la chambre où il entendoit du bruit. La fureur lui donnant des forces, il paſſe ſon épée à travers le corps du ſoldat. Le malheureux, quoique bleſſé à mort, a encore le temps de ſe retourner pour voir d'où lui étoit porté le coup : il reconnoît ſon frere & meurt. L'epoux infortuné voit en même-temps ſa femme évanouie, ſa fille attaquée de mouvemens convulſifs, & ſon frere expirant ; il s'écrie : *J'ai tué mon frere !* & tombe ſans connoiſſance. La garde qui l'avoit ſuivi, avoit à peine entendu cette exclamation de ſon maître, qu'elle vit les flammes percer de toutes parts. Elle court auſſitôt, dans l'espoir de trouver du secours pour ces infortunés : il n'étoit déjà plus temps ; le plancher s'étoit abymé sous eux , & ils étoient ensevelis dans les ruines.

) Il s'est fait un jour au parterre de l'opéra, un vol assez ingénieux ; un étranger avoit coutume d'y aller , trouvant que cette place étoit la meilleure pour jouir du spectacle. Il avoit été observé par un filou que ses boucles de diamans tentoient prodigieusement. Celui-ci en achete de fausses qui avoient beaucoup d'apparence ; il se met à côté de l'étranger ; ils entrent en conversation , le filou se plaint des voleurs qui se glissent partour , il dit : *je vais ôter mes boucles , parce que quelqu'un de ces coquins pourroit me les dérober.* L'étranger enchanté de l'avis , suit l'exemple de l'adroit intriguant, il ôte aussi ses boucles , & les met dans sa poche ; mais qu'est-il arrivé ? le spectacle fini , l'honnête homme veut remettre ses boucles, les cherche & ne les trouve plus.

Un jeune peintre s'étoit marié sans amour , & pendant plusieurs mois la paix avoit regné dans son ménage, uniquement parce qu'elle accompagne toujours l'union de deux caracteres doux & honnêtes ; peu à peu , l'estime, l'amitié, la paternité avoient attaché fortement deux cœurs que les parens, c'est-à-dire le hasard conduit par l'intérêt , avoient rapprochés. C'étoit là l'amour de nos tourtereaux. Le bonheur de ces époux ou plutôt de ces amans heureux fut troublé par l'affreuse maladie que l'inoculation a cruellement multipliée autour de notre capitale. Un des fruits de cette tendre union en est la premiere victime ; la mere succombe bientôt ; la douleur de l'époux qui survit est à son comble , quoiqu'elle ne s'exhale point au dehors ; des arrangemens

d'affaires qui affurent le fort des deux enfans qui lui
reftent, le foutiennent ; la liberté d'efprit avec laquelle il s'y livre, fait croire qu'il eft confolé ; c'eft
ainfi que jugent la plupart des hommes qui ne con-
noiffent ces fortes de peines que par la néceffité de
paroitre quelquefois le reffentir ; il s'en failoit bien
que le malheureux époux fût tranquille ; au bout de
deux mois toutes fes affaires étoient arrangées ; fon
pere, homme refpectable & une bonne grand'mere,
s'étoient chargés de l'éducation de fes deux enfans.
Le jeune peintre les conduit à *Vincennes* où ces
bonnes gens demeuroient ; on a remarqué que jamais
adieux ne furent plus tendres que ceux qu'il fit aux
deux orphelins, quoiqu'il dut les revenir voir le lendemain ; de retour à *Paris* la fievre s'empare de lui,
il fe met au lit & ne le quitte que pour aller rejoindre
l'objet de tous fes regrets. Voilà une hiftoire récente,
peu connue, parce qu'elle n'offre qu'un tableau vertueux : je la racontois dans une fociété où j'imaginois
que ces deux époux obtiendroient quelques larmes,
mon récit ne produifit que cette exclamation d'un
Robin qui paroiffoit m'avoir écouté avec beaucoup
d'attention : *Il y a des gens qui meurent auffi fottement qu'ils ont vécu !* Je vis à la vérité deux très-
jeunes femmes qui s'efforçoient de cacher qu'elles
étoient attendries ; l'une d'elles alla dire deux mots
à l'oreille d'un militaire qui étoit dans une embrafure
de fenêtre, on parla de jeu & il ne fut plus queftion de mon peintre.

Un de nos Laïs a éprouvé la cruelle vérité du
proverbe que *que tout ce qui reluit n'eft pas or*. Elle
s'étoit avifée de fe donner pour neuve de toute nou-
veauté ; Madame fa mere, car ces demoifelles ne
ont jamais orphelines, faifoit courir dans le monde

de petits avertiffemens comme autant de bulletins où l'on faifoit part au public que la Demoifelle *une telle* étoit encore jouiffante de toute fa virginité & qu'elle ne demandoit pas mieux que de la perdre ; un efcroc de filles eft introduit chez la Demoifelle : d'abord il a une converfation politique avec la refpectable mere & finit l'entretien par faire étinceler cent louis d'or bien comptés ; on ne demande pas au galant quel eft fon rang, fon nom ; un propriétaire de cent louis n'avoit pas befoin de ces acceffoires pour une telle alliance. Enfin il eft agréé ; il paffa la nuit avec la Demoifelle qui s'applaudiffoit de cet air de virginité qu'elle s'étoit donnée avec tant d'adreffe ; de fon côté l'amant rioit ; il n'en goûta pas moins les plaifirs defirés. Les cent louis font lâchés, le galant fe retire ; les deux honnêtes créatures étoient enchantées l'une de l'autre ; on veut payer une marchande de modes, une couturiere, un coëffeur : ces créanciers qui avoient la vue plus nette que la Demoifelle, viennent lui rapporter fon argent en lui difant qu'ils ne prennent point en paiement de la fauffe monnoie. La Demoifelle & fa mere font furieufes, elles reconnoiffent avec douleur qu'elles ont été les duppes d'un fripon ; la premiere le rencontre dans un bal : — Ah, ah ! vous voilà, M. le faux monnoyeur, — ah, ah ! vous voilà, Mademoifelle la pucelle ; quitte à quitte, vous m'avez trompé, je vous ai trompée. Croyez-moi, au lieu de nous arracher les yeux, cherchons à en tromper d'autres ; votre fauffe fleur ne valoit gueres mieux que mes louis faux. La Demoifelle prit le bon parti, elle rit de l'aventure. Il n'y eut que la mere qui murmura entre fes dents : — Vraiment, c'étoit bien la peine de me faire paffer

pour une trompeuse ; une autre fois j'examinerai les
louis, & aura après, des pucelles qui voudra.

Le comte de *** voyageoit pour se rendre à une
de ses terres. C'est un brave officier qui ne connoît
point la peur ; il se faisoit tard, il s'imagine de s'arrêter dans le château d'un de ses anciens amis qu'il
n'avoit pas visité depuis six à sept ans : il entre,
il apperçoit quelque changement ; on lui apprend que
le seigneur est mort, mais que son fils qui a hérité
de ses biens est dans le château. Le comte de ***
monte, trouve en effet le jeune homme qui lui fait
un très-bon accueil. Il lui raconte les circonstances
de la mort de son pere qu'il paroît regretter beaucoup ; on soupe, on conduit ensuite le comte dans
une chambre assez grande qui étoit au bout d'une
galerie. Notre voyageur étoit fatigué ; il se hâte de
se mettre au lit où le sommeil vient bientôt le surprendre. Sur les deux heures du matin, il est réveillé
par un bruit sourd qu'il croit entendre comme si
quelqu'un marchoit dans la chambre. Il entrevoit une
espece de fantôme blanc. Il suit de l'œil en quelque
sorte les pas de cette figure ambulante. Ce spectre
soupiroit, il va du côté de la cheminée ; s'assied vis-
à-vis un reste de feu & dit en gémissant „ Je puis
donc encore me chauffer ! oh mon Dieu ! „ Le comte
regardoit toujours : il examine, il voit que ce fantôme est de forme humaine, qu'il est couvert de
haillons blancs. Le spectre s'avance vers le lit, tate
les matelats & en mot s'étend à côté du comte en
murmurant : „ Je vais donc me coucher encore dans
„ un lit ! „ alors le comte d'une voix ferme demande;
„ Qui êtes-vous ? que venez-vous faire ici ? Aussitôt—
„ Ah, c'est vous, mon cher comte, & qui vous
„ amene en cette horrible demeure ?.... est-ce que

,, vous ne me reconnoiſſez pas... Votre pauvre ami..?
,, Comment , répliqua le comte, vous ſeriez M**,
,, & votre fils lui-même hier au ſoir m'a dit que vous
,, étiez mort ! — Je vis, mon cher ami, je vis, mais
,, pour mourir mille fois par jour depuis ſix années
,, entieres que ce fils dénaturé, que ce monſtre m'a
,, plongé dans un cachot où je ne me nourris en quel-
,, que ſortes que de meslarmes. Le malheureux ! il n'a
,, pas voulu attendre ma fin pour dévorer mon he-
,, ritage ; il a corrompu quelques-uns de ſes infâmes
,, domeſtiques auſſi ſcélérats que lui. On a répandu
,, le bruit de ma mort, on a fait mes obſeques com-
,, me ſi en effet je n'étois plus, & je languiſſois dans
,, un cachot ayant à peine du pain & du l'eau, cou-
,, vert de ces miſérables haïlons. On avoit oublié
,, hier au ſoir de fermer la porte de ma priſon, je
,, m'en ſuis apperçu cette nuit ; auſſitôt j'ai cherché
,, à me procurer quelque ſoulagement. Je ſuis venu
,, par haſard dans cette chambre ; depuis ſix ans je
,, ne connoiſſois plus ni le feu ni le lit, mes pre-
,, miers mouvemens ont été de profiter de l'un &
,, de l'autre, mon deſſein étoit d'attendre la mort
,, ſur ce lit & de conjurer un fils barbare de me la
,, donner...... " Le Comte étoit plongé dans un acca-
blement inexprimable ; un pere victime à ce point
de l'avidité d'un fils dénaturé ! --- ,, Mon ami, s'é-
,, cria-t-il, non, vous ne mourrez point & le crime
,, ſera puni ; attendez tout de mon humanité, car
,, il n'eſt pas beſoin de ſentir l'amitié pour ſe remplir
,, de votre affreuſe ſituation ; rentrez dans votre
,, ſouterrein ſans qu'on ait le moindre ſoupçon, &
,, ſoyez perſuadé que vous ſerez bientôt vengé.... "
Comte en effet vole à la Cour, inſtruit le Gouvernement de ce crime inoui, le pere eſt arraché à ſa pri-

fon, il rentre dans tous fes biens & fon fils à fon tour
a difparu. On ne doute pas qu'il n'ait été condamné
au même fupplice qu'il avoit fait fouffrir à fon pere.
Une prifon éternelle dérobera ce monftre à l'échaf-
faut où il devroit monter.

Un mari vivoit dans la ferme croyance que fa chere
moitié ne refpiroit & ne s'embellifloit que pour lui ;
il auroit cautioné fans crainte la vertu de fon Arthé-
mife. L'honnête Dame va un jour à un bal mafqué ;
elle y avoit affigné un rendez-vous à quelqu'un qui
affûrément n'étoit pas fon mari ; elle l'apperçoit,
court à lui, & la premiere parole qui lui échappe : --
Enfin je fuis débarraffée de mon fot ; il ne m'a jamais
paru plus ennuyeux ; croirois-tu qu' il m'a parlé tout
le foir de mon amour & du bonheur qu'il avoit d'être
aimé d'une femme qui lui étoit fi attachée : j'ai pen-
fé éclater de rire ; oh oui, fort attachée, fort fidele,
n'eft-il pas vrai ? j'ai tout arrangé au fortir d'ici pour
lui donner une preuve de ma fidélité conjugale ; tu
m'entends, tu me trouveras chez Mad. **** Tu ne
me réponds point, prendrois-tu le parti de mon mauf-
fade époux ? .... Il eft vrai que ce foir j'ai une envie
déterminée de lui manquer. --- Oh pour ce foir, lui
répond-on, je gage que votre fageffe fera à l'abri de
tout atteinte. Quel fon de voix a frappé l'oreille de
Madame ? quel fpectacle ! fon mari, fon cher mari
qui par une fatalité finguliere avoit pris un domino
femblable à celui de l'amant. La pauvre femme eft
écrafée de la foudre, elle n'a pas la force de proférer
un feul mot, elle fe laiffe entraîner par fon époux
qui la conduit à la maifon, & quelque jours après
dans l'obfcurité d'un couvent où elle aura tout le
tems de réfléchir fur la fingularité des méprifes.

On attendoit, l'année derniere, à *Paris* un Prince

Indien qui voyageoit, difoit-on, avec un ou deux quarterons de fémmes. Tous les dévots étoient en allarmes : — *Qué dira M. l'Archevéque ? fouffrira-t-il un tel fcandale ? les mœurs feront bleffées fi l'on permet que cet homme conferve fon ferail ; & puis il faut qu'il fe faffe Chrétien !* Un plaifant ajoute, *Il n'a qu'a embraffer notre fainte Religion, & on lui paffera toutes les filles ne notre Opéra.*

Il s'eft paffé, il y a une couple d'années, au *For-l'Evêque*, une fcene affez réjouiffante. Un jeune Américain ci-devant moufquetaire, nommé M. de *Châteaublond*, étoit renfermé dans cette prifon pour des dettes qui montent à plus de 200000 livres. Il n'avoit gueres efpérance d'en fortir de fitôt : fes parens fembloient être de concert avec fes créanciers pour le priver de fa liberté. On dit que le malheur eft le pere de l'induftrie : le prifonnier imagine ce ftratagéme. Un de fes amis vient avec un prétendu negre vifiter M. de *Châteaublond* chez lequel fe donne un excellent dîner. Sur le foir il faut fe retirer ; l'ami dit en préfence des géoliers à fon negre, d'avoir foin d'arranger les bouteilles vuides dans un panier, ils paffent. On ne fait nulle attention à l'homme noir. C'étoit M. de *Châteaublond* qui s'étoit barbouillé le vifage ainfi que le premier negre qui étoit entré dans la prifon avec la couleur noire & qui en eft refforti trés-blanc. Cette avanture a été le vaudeville de Paris. Il n'y a que les créanciers de M. de *Châteaublond* qui n'ont pas trouvé le mot pour rire à cette efpece de farce.

De mauvais plaifans ont joué un tour affez burlesque à l'un de nos Commiffaires de Police. On vient le chercher à la brune pour mettre un fcellé. C'eft une des fonctions le plus lucratives de cet état & les Commiffaires, qui ne font pas le moins intéreffés des

ſuppôts du *Chic*, ſon ardens pour les remplir. Le Com‑
miſſaire *Boulanger* met en hâte ſa perruque de céré‑
monie, fait tapage ſur la lenteur de ſon clerc à apprê‑
ter le papier timbré, l'écritoire &c. De crainte d'être
prévenu par quelqu'un de ſes confreres, M. le Com‑
miſſaire riſque vingt fois de ſes caſſer le cou par ſa
précipitation à marcher. Après avoir parcouru une in‑
finité de rues, on le conduit dans un grenier où un
drap étendu ſur un châlit paroiſſoit réceler la triſte
victime de quelque membre de la ſalubre faculté. M.,
dit-on au Commiſſaire, *que l'extérieur ne vous en
impoſe pas, notre parent par un goût exceſſif pour
l'épargne ſe refuſoit juſqu'à la commodité du loge‑
ment, voyez ces armoires ; combien de papiers elles
renferment..... !* C'eſt là où Dame Thémis fait ſes
orges. Enfin maître *Boulanger* dreſſe un long procès
verbal & commence à oppoſer les bandes ſacrées.
Il y avoit déja ſept à huit feuilles de papier de bar‑
bouillées & une partie de la nuit étoit écoulée lorſ‑
que le clerc, qui peut-être avoit ſes raiſons, s'ap‑
proche du chevet où paroiſſoit placée la tête du dé‑
funt. *Que vois-je, M.*, s'écrie-t-il, *on nous joue,
c'eſt une tête à perruque* ! Le Commiſſaire entendoit
bien que c'étoit à lui ou de lui qu'on parloit, mais
il étoit occupé de ſa beſogne, ou peut-être à cal‑
culer combien d'argent le ſcellé lui produiroit ; il fal‑
lut le lui dire pluſieurs fois ; pendent ce tems les
auteurs de la niche s'eſquiverent & maître *Boulan‑
ger* reſta ſeul ſtupéfait & confondu. On a ri ſans
doute de cette aventure d'un côté, tandis que de
l'autre plus d'un mouchard de la Police étoit en l'air
pour en découvrir les auteurs,

L'aventure du Chevalier d'Y**** dont on a parlé
pendant deux jour au moins, eſt certainement fort

étrange. Un de fes camarades avoit répandu dans
fon régiment, le bruit que dans fes féjours à *Paris*,
il employoit un des moyens les plus bas que le vice
puiffe imaginer, pour fe procurer des reffources. On
racontoit que tous les foirs il fe déguifoit en vieille
femme & que fous l'accoûtrement de ce qu'on appelle
une Maq*** il follicitoit les paffans dans les rues dé-
tournées, à venir goûter les plaifirs qu'il leur annon-
coit. Le Chévalier, ajoute-t-on, faifoit cet infâme
métier avec un tel fuccés qu'il fubvenoit aux dépenfes qu'entraînoit fon goût pour la debauche. Il
eft vrai qu'il n'étoit pas obligé de payer celles de
toutes les efpeces & que fur certaines, il jouiffoit
d'une pleine franchife. Quelques camarades du Chevalier voulurent s'affurer de ce fait incroyable ; on
les conduifit fur le théatre où il exerçoit fes talens.
Les jeunes Officiers font femblant de ne pas le recon-
noitre & jouiffent d'abord de fon embarras. Ils pro-
jettent de le porter bientôt à fon comble, font tapage, feignent de n'être par contens de la Marchan-
dife qu'on leur offre & affectant un goûr affez fingulier, ils propofent à leur fauffe Maq*** de lui
donner la préferance. Elle réfifte, on fe met en devoir de la violer : en un clin d'œil fes vêtemens di-
fparoiffent ; je laiffe à votre imagination, à vous peindre cette étrange fituation. La honte d'un côte, le
mépris & les rifées de l'autre &c. &c. &c.

On vantoit chez une Marquife qui vit encore,
les exploits du Maréchal de Saxe. Il a vaincu les
ennemis de l'Etat, dit-elle avec fierté, mais il n'a
pu vaincre fes paffions. Toute la France eft témoin
de fes galanteries ; s'il a défendu nos Provinces, j'ai
fait peut-être plus : car je lui ai réfifté & je l'aimois ;
il a gagné des batailles, & moi fans verroux & fans

grilles, j'ai gardé ma vertu. Ce difcours vraiment digne d'une femme de qualité vertueufe étoit tout près de produire un grand effet : mais un Evêque qui étoit là fourit, & ce fouris fit partager fes doutes. La victoire de cette femme n'étoit pas fi authentique que celle de Fontenoi. Donnez-vous donc maintenant bien de la peine, Mefdames, pour conferver votre vertu ! Un fouris fuffira pour la rendre équivoque : mais il y a longtems que vous ne donnez plus dans de pareilles duperies.

Un Anglais alla, l'automne dernier, trouver un Chirurgien habile de cette ville. --- M., vous voyez cette bourfe, elle contient cent guinées & fera le falaire de l'opération dont je vais vous charger, fi vous la faites avec fuccès : dans le cas contraire, ce piftolet punira votre refus ou votre maladreffe. .. --- De quoi s'agit-il ? --- il me faut couper cette jambe... --- Mais, M., elle eft faine, dans le meilleur état ; je ne puis vous faire une opération auffi cruelle, fans aucune néceffité.... --- Ne balancez pas un inftant à me fatisfaire, ou votre vie..... --- Je n'ai point d'inftrumens, ni de bandages préparés.... --- J'ai prévu cette objection & je me fuis muni de tout ce qui eft néceffaire ; vous n'avez dont point de prétexte, opérez.... Il fallut que malgré lui, le fuppôt de S. Côme, féparât du corps une jambe qui y convenoit trés-bien, mais qu'une fantaifie finguliere avoit profcrite. L'Anglois guérit & retourne dans fa patrie avec un jambe de bois. Le Chirurgien a reçu, affuret-on, enfuite un lettre de cet original, conçue en ces termes. ,, Recevez, Monfieur, pour témoignage ,, de ma vive reconnoiffance, la lettre de change ,, inclufe de 250 guinées fur M. *Panchaud*. Vous ,, m'avez rendu les plus heureux de tous les hom-

» mes, en m'ôtant un membre qui mettoit à mon
» bonheur un obftacle invincible. Ce langage vous
» paroîtra celui d'un fou, & vous aurez raifon de
» me juger tel, fi l'homme le plus paffionné mérite
» cette épithete. J'aime, que dis-je, j'adore une
» femme charmante fans laquelle l'exiftence m'étoit
» à charge, & dont le facrifice d'une jambe pouvoit
» feul m'obtenir la main. Je m'y fuis déterminé dès le
» moment que j'ai fu le motif de fa réfiftance. Elle
» n'avoit qu'une jambe & ne vouloit pas que j'euffe
» de ce côté fur elle, une fupériorité qu'elle croyait
» me mettre dans le cas de lui faire des reproches.
» Iniufte qu'elle étoit ! tant d'autres avantages affu-
» roient fon empire fur l'amant le plus tendre ! En-
» fin, M., de retour à *Londres*, ma fituation l'a
» fubjuguée, nous nous fommes unis, & je trouve
» une confolation bien puiffante de la privation à
» laquelle j'ai confenti, par la reffemblance qu'elle
» me donne avec l'objet de tous mes vœux. Qu'eft-
» ce après tout que cette privation, au prix de la
» Jouiffance qu'elle m'a procurée, & quel eft
» l'homme qui ne s'y réfoudroit pas, pour la pof-
» feffion d'une époufe qui doit faire fon bonheur
» durable !

Quand l'honneur a de tous tems été le plus puiffant reffort d'une nation, il doit être dangereux de
lui fubftituer une brutale févérité. Le tems & les
événemens perfuaderont donc fans doute infenfiblement nos chefs militaires, que la cruelle manie de
punir les troupes françoifes par le *bâton*, peut devenir auffi funefte par fes fuites, qu'elle eft humi-
liante & pernicieufe dans fes perincipes. Parmi les
exemples qu'on en pourroit donner, en voici un
mémorable qui vient d'arriver à *Breft*, dans le ré-

giment des Colonies. Ce corps manœuvroit aux ordres de M. d'*Amécourt*; un foldat fe trouvant hors
de lingne, il court à lui, & le frappe d'un coup de
canne fur la figure. Vivement fenfible à cette dureté,
le foldat ofe lui dire : *Paffe pour celui-la , mon Officier.* Se croyant menacé par le propos, M. d' *Amécourt* redouble , mais il ne tarde pas à recevoir le
prix de fa vivacité. Le foldat lui paffa fa bayonnette
à travers la poitrine. On l'arréte ; il dit froidement
qu'il le feroit encore, qu'il s'attend a tout, & qu'il
mourra content d'avoir délivré fes camarades d'un
pareil monftre. M. d'*Amécourt* , foigneufement panfé, laiffe des efpérances pour fes jours, il a porte,
dit-on, la générofité jufqu'a demander avec inftance
la grace de fon foldat ; c'eft bien le cas de dire avec
Voltaire :

Des Chevaliers François tel eft le caractere.

Un ancien Danfeur de Nicolet, las d'avoir fait
des cabrioles à cent écus par an, a pris le parti de
fe livrer exclufivement au métier plus lucratif de
filou. Il s'avifa un jour de vuider en entier l'appartement d'un M. *Thevenet*, commis à la loterie de
France, dont les fenétres ont vue fur le jardin du
Palais royal. Il grimpe par deffus les plombs, defcend par une croifée qui étoit ouverte, met les verroux à la porte & fait fes paquets. Comme il les
commençoit, arrive la fervante du S. *T...*, qui va
pour ouvrir ; n'y pouvant parvenir, elle s'imagine
que la ferrure eft dérangée, & s'en va. Pendant ce
tems, l'efcroc s'affied tranquillement dans un fauteuil qu'il pofe devant la ferrure afin d'ôter tout
moyen d'être apperçu. Ses paquets achevés ; il les
pofe fur les plombs, reprend le chemin qu'il avoit
pris, & les porte l'un après l'autre chez un marchand

de vin de la rue de Richelieu. De là prenant un fa-
voyard près de la Place des Victoires, il les fit tran-
sporter chez lui rue Monmartre. Sur ces entrefaites,
M. *T*... voulant rentrer chez lui, ne peut ouvrir sa
porte : il n'en peut concevoir la cause & la fait enfoncer. Quelle fut sa surprise ! .... Il fait en hâte des
informations dans le voisinage, & il apprend qu'on
a vu passer un homme avec des paquets : on suit la
trace, on parvient à découvrir le savoyard qui les
avoit portés Plainte rendue. Enfin à 11 heures du
soir, l'escroc est arrête dans son lit. Son premier
mouvement est de protester de son innocence, maîs
en voyant la savoyard : *Ah !* dit-il, *c'est bien la der-*
niere fois que je me fais aider dans mes opérations.
Quoi ! lui demande-t-on, *vous espérez donc conti-*
nuer à l'avenir ? Oh ! je sais bien, repondit-il, *que*
je ne serai pas pendu, que j'en serai quitte pour
quelques années de galeres, & àprés ce séminaire,
je saurai mieux prendre mes précautions. Malheureusement la loi ne punit point l'intention, & cet
hômme, tous scélérat qu'il s'est fait connoître, re-
viendra dans la société pour y accomplir ses projets
& faire bien pis à coup sûr. Faut-il qu'un code
aussi barbare que celui de nos loix criminelles, soit
seul préservé de l'influence philosophique, si perni-
cieuse à tant d'autres égards !

Une particulier qui entretenoit une Actrice, ayant
épuisé tous les moyens connus pour subvenir à ses
dépenses, vint trouver une Juif (*) dont le magazin

(*) Quoique le Judaïsme exclue des *Six Corps* tous ceux
qui professent cette Religion, les disciples de Moyse n'en
exercent pas moins ici leur industrie en achetant soit des
Banqueroutiers frauduleux, soit des *faiseurs d'affaires*, à
cinquante & soixante pour cent au dessous de la valeur.

étoit un des mieux aſſortis tant en ſoieries qu'en dorures. Le Juif voyant un ſuperbe équipage s'arrêter à ſa porte, s'empreſſe de deſcendre & vient au devant de l'étranger inconnu. *M.*, lui dit celui-ci, *mon oncle qui eſt le Grand Pénitencier, déſireroit avoir pour une Abbaye de quoi faire un ſuperbe Devant-d'Autel & les ornemens ſacerdotaux aſſortis : il m'a chargé de faire cet achat & comme on m'a aſſuré que vous étiez rond en affaires, je ſuis venu chez vous par préférence : c'eſt de l'or en barre ; vous ſerez payé en livrant la marchandiſe, j'y mettrai cependant une condition : ma ſœur qui a beaucoup de dévotion à la Vierge me demande un pareil ornement en blanc, mais il faut que vous vous arrangiez de façon que je n'aie rien à débourſer pour cet objet, ainſi que pour deux habits à mon uſage ; ſi vous le trouvez bon,* (montrant un filou qui l'accompagnoit) *M. qui eſt mon tailleur emportera l'étoffe chez lui :* — Qu'à cela ne tienne, répond le Juif; *je vous traiterai, M, en honnête homme,* & en même tems il déploye ce qu'il a de plus riche dans tous ler genres. Le chaland, comme on peut croire, n'héſite pas dans le choix, fait mettre à part pluſieurs pieces de dorures, fait lever les habits & les ornemens pour la Vierge, remet ceux-ci à ſon tailleur (au filou s'entend) en fait monter un autre qui étoit en grande livrée ; puis s'adreſſant au Juif : *M.*, dit-il, *vous me donnerez un de vos commis pour m'accompagner juſques chez mon oncle où vous recevrez votre argent.* Le ſoi-diſant neveu du Grand - Pénitencier monte en voiture avec un des ſuppôts de l'Iſraëlite, & celui-ci rit dans ſa barbe d'avoir fait une auſſi bonne journée aux dépens du bon Dieu & de la Ste. Vierge. On arrive au cloitre

Notre-Dame ; un des laquais defcend, feint de parler au fuiffe & vient annoncer que le Grand-Pénitencier eft au confeffional, où le filou favoit bien qu'il devoit fe trouver à cette heure là. *Suivez-moi, dit le neveu au commis du Juif, je vais vous faire parler auffi-tôt à mon oncle :* à peine font-ils entrés dans la cathédrale que la voiture difparoit : le neveu va au confeffional, s'approche du Grand-Pénitencier, en ayant foin de faire tenir l'Ifraëlite affez loin pour qu'il ne puiffe rien entendre. *Mad. la comteffe de* ***, *dit-il, qui s'intéreffe trés-particuliérement à l'homme que vous voyez, vous prie, M., de vouloir bien l'entendre en confeffion : c'eft un nouveau converti dont elle eft marreine... A l'inftant je fuis à vous,* répond le Grand-Pénitencier, qui avoit encore quelques pénitentes à entendre, adreffant la parole au Juif : le neveu offre à ce dernier de confidérer en attendant les tableaux & a grand foin de l'amufer pour donner le tems à fes complices de gagner aux champs. Le quart-d'heure de Rabelais approchoit, il ne reftoit plus qu'un vieux militaire. *Mettez-vous là,* dit le neveu au Juif, en lui montrant l'autre côté du confeffional & fe tenant de derrière lui : à peine le fatal guichet eft-il ouvert, qu'il difparoît. — *M-,* dit le Juif, *c'eft moi qui fuis...* — *Je fais qui vous êtes, dites votre* Confiteor... — *C'eft de la part de M.* Aaron Mofes. — *Oui, je fais bien ; Mad. la Comteffe...., allons, mon enfant, commencez...* — *M., voici M. votre neveu...* — Célui-ci étoit déja bien loin : le nouveau converti ne fais qu'un faut, ouvre brufquement la porte du confeffional, s'emporte en invectives, le fuiffe arrive & chaffe à grands coups de hallebarde le commis d'*Aaron Mofes.* On affure que jamais acte de contrition n'a été plus fincere que celui de cet Ifraëlite qui étoit bien éloigné de s'attendre à un tel dénouement.

Malgré les progrès vifibles de la morale philofophique, les gens d'une certaine claffe font encore loin parmi nous d'être de ces maris que *Boileau* crut nommer plaifamment des *maris bons chrétiens*. Un Bourgeois fort jaloux de fa femme qui eft jeune & jolie, eut la bizarre fantaifie d'aller confulter à *Strasbourg*, fur ce qu'il appelloit fon cas, le célébre Comte *Calioftro*. En arrivant chez ce médecin, il lui a dit qu'il était malade de jaloufie & qu'ayant oui vanter fa fcience univerfelle, il venoit le prier de juger s'il était ou n'était pas cocu. Le Comte *Calioftro* voulant s'amufer de cet original, lui a répondu que rien n'était plus fimple, plus aifé à favoir ; qu'il alloit lui donner une fiole contenant une liqueur qu'il devoit boire lorfqu'il feroit de retour auprès de fa femme & au moment de fe coucher avec elle. Si vous êtes cocu, lui dit-il, le lendemain en vous réveillant vous ferez métamorphofé en chat. Le mari revenu chez lui parle beaucoup à fa femme des fublimes talens du Comte. Elle veut favoir le motif du voyage, il fe fait prier, enfin il cede aux plus vives inftances & lui détaille l'infaillible moyen qu'il a de découvrir fi elle eft fidele. On rit de bon cœur de fa crédulité, on lui protefte qu'il n'a rien à craindre ; il avale le breuvage & les voilà tous deux au lit. Une heure après, cet époux fe trouva dans un état qui furprit fort agréablement & lui-même & fa tendre moitié, tant ils étoient peu accoutumés depuis long-tems à pareille aubaine. Ce fut une vraie nuit de nôces. Ils s'endormirent affez tard en béniffant le Comte & fa liqueur,

& la femme, en bonne ménagere, se leva le matin la premiere & laissa reposer son mari qui en avoit besoin. A dix heures cependant, voyant qu'il ne se levoit pas, elle alla pour le réveiller; mais quel fut son étonnement! Elle vit un chat noir; il étoit mort. Elle jette les hauts cris, appelle son mari : personne ne répond. Elle embrasse ce chat, & dans la premiere effusion de sa douleur, elle lui parle ainsi: „ Faut-il „ donc que j'aie perdu le meilleur des maris pour „ deux fois seulement que je lui ai été infidele! Ah, „ maudit Conseiller! je ne voulois pas, vous m'avez „ séduite.... ô trop dangereux Lieutenant! avec „ votre air de héros, vos récits de combats, vos „ cajoleries, vos sermens & vos pleurs! vous savez „ combien j'ai résisté.... vous m'avez tourné la tête, „ vous avez abusé d'un instant de foiblesse pour.... „ Ah, mon pauvre mari! mon cher mari! tu es „ mort! qui auroit pensé que tu mourrois de cela! „ aurois-je pû croire que cette nuit étoit la derniere „ que je passerois avec toi! hélas! & quels adieux! „ ce souvenir ne fait qu'augmenter mes regrets.... „ Enfin comme cette femme toute hors d'elle exprimoit ainsi son désespoir, le mari sort de dessous le lit : „ Ah, ah, Madame, dit-il, je suis donc votre cher, „ votre pauvre mari!... Et le Conseiller!... Et le „ Lieutenant!... Il vous en a donc fallu deux.... „ La femme se voyant prise pour dupe, a avoué ses torts, a promis de n'y plus retourner. Mais ce ménage ne laisse pas, dit-on, d'être encore un peu brouillé; cette avanture fait du bruit. Il n'est pas nécessaire de dire que l'époux avoit fait étrangler un chat pour le mettre à sa place; peut-être même avoit-il feint le voyage à *Strasbourg* pour découvrir ce que, sans doute, il voudrait bien ignorer maintenant, car il ne paroît pas être de ceux qui difent :

> Quand on l'ignore ce n'eft rien,
> Quand on le fait c'eft peu de chofe.

Le peuple de nos Provinces moins éclairé que celui de la Capitale qui l'eft peut-être trop, a cru voir ce que les Anglois, appellent *un jugement de Dieu* dans un événement fort fimple que l'on a mandé de *Caen* en ces termes.

„ Une fille, âgée de feptante ans, graffe & replete,
„ ennuyée depuis long - tems de la fociété des hom-
„ mes, s'étoit fait une habitude de vivre au milieu
„ d'une troupe d'animaux qui ne contrarioient ni fes
„ goûts, ni fes plaifirs. Vingt-huit chiens, beaucoup
„ de chats, quelques cochons, des poulets, des
„ dindes, des canards, des oies, &c. compofoient fa
„ fociété. Point de domeftiques, c'eft une engeance
„ trop gênante : les hommes fages favent s'en paffer.
„ Une femme du voifinage lui aidait feulement,
„ chaque jour à panfer les animaux qui charmoient
„ fon loifir. Tous les foirs elle s'enfermoit dans fa
„ maifon. Un jour, après avoir couché tout fon
„ monde, elle ferma fa porte vers les dix heures du
„ foir ; le lendemain, la porte de la maifon, qui
„ s'ouvroit ordinairement vers les cinq heures du
„ matin, étoit encore fermée à neuf. On frappe,
„ perfonne ne répond ; on foupçonne un événement,
„ la porte eft forcée ; on court à l'appartement de
„ cette fille, on la trouve réduite en cendres, à
„ quelque diftance de la cheminée, où l'on voyoit
„ encore deux petits tifons prefqu'éteints, qui com-
„ pofoient fon brafier. Rien n'avoit été brûlé dans
„ cette chambre, pas même une cage de bois, placée

„ à côté de la cheminée, & fervant à une pie qui
„ n'avoit pas fouffert de l'incendie „.

Notre fuperflu, a dit le peuple, *appartient aux
pauvres: On mérite d'être puni quand on le donne
aux chiens.*

La *curiofité* (c'eft fous ce nom que l'on défigne
la claffe des amateurs & des marchands des productions
curieufes de la nature & de l'art) a perdu, il y a quelque tems, un des plus célebres *brocanteurs* qu'elle
ait eus au nombre de fes membres : Or tous fe mêlent
de *brocantage ;* il n'eft gueres d'*homme à collection*
qui ne vende & ne *troque*, foit par inconftance
dans fes goûts, foit pour multiplier fes jouiffances,
foit par amour du gain, foit pour fe dédommager fur
quelque dupe plus novice, du déplaifir de l'avoir été
foi-même : Mais je ne veux vous parler que du feu
Marchand de tableaux *Le Doux.* Malgré une réputation de fineffe bien méritée qui depuis long - tems
écartoit de lui les amateurs, il a laiffé une fortune
confidérable. Se voyant délaiffé, il n'eft point de
rufes que fon imagination fertile ne lui ait fuggérées
pour convertir en rouleaux de louis les *Croutes à
Lazzi* (c'eft le mot) qu'il achetoit au plus vil prix
dans des ventes obfcures. On raconte entr'autres de
lui ce trait plaifant.

Le Prince D*** avoit la manie des tableaux, &
fuivant l'ufage, fe croyoit un très-habile connoiffeur.
Toute la *Curiofité* étoit bien venue chez lui à de
certaines heures & lui faifoit affidûment la cour :
Le Doux feul étoit configné à la porte; fon nom
même étoit un objet de terreur pour S. A., à qui l'on
répétoit chaque jour qu'elle ne pourroit éviter de
tomber dans les filets de *Le Doux*, s'il obtenoit le
moindre accès près d'elle.

Le Doux jura que cette proie ne lui échapperoit pas ; voici comment il s'y prit. Un matin, vêtu dans le plus grand deuil, il se présente sous un nom supposé à l'hôtel du Prince D***. Il est introduit, & se jette à ses pieds en versant des larmes abondantes : — *Monseigneur, j'étois né avec la fortune & je suis réduit à la misere la plus profonde, si V. A. ne daigne me prendre en pitié. — Qu'est-ce donc ; que puis-je faire ? — Monseigneur, je viens de perdre mon pere ; c'étoit bien le plus honnête des hommes, mais il avoit la manie des tableaux : il me laisse des chefs-d'œuvres, dit-on, mais il y a mis toute sa fortune... Je ne m'y connois pas : avec cette riche collection, il ne me reste point de ressources pour vivre. — Mais il faut la vendre. — Et à qui, Monseigneur ? On dit que ces brocanteurs sont autant de fripons & de scélérats qui ne me donneront pas la centieme partie de ce que toutes ces belles choses ont coûté : il y a un nommé Le Doux qui me pourchasse ; c'est, dit-on, le seul qui ait de l'argent ; il m'offre si peu ! — Oh, méfiez-vous de ce Le Doux, c'est un drôle qui veut avoir votre succession pour rien ; écoutez, je veux voir moi-même vos tableaux, vous m'intéressez. — Ah, Monseigneur, vous ne voudrez pas abuser de mon ignorance : vous êtes trop grand pour ne pas prendre à une juste valeur ces effets qui forment toute mon existence.... je venois précisément supplier V. A... — Mes chevaux ! nous allons ensemble voir ces tableaux.*

C'étoit précisément ce que vouloit mon *Le Doux*. Il avoit loué un appartement dans un quartier éloigné & y avoit disposé avec art ses *Croutes à Lazzi* renfermées dans de belles bordures. Le Prince arrive avec le Brocanteur. La douleur de celui-ci semble se réveiller à la vue des folies de son pere qui a converti une fortune considérable en effets si inutiles. Du coin de l'œil il observoit le Prince ; il lit dans ses regards satisfaits le succès de son stratagême. — *Eh bien, Monseigneur ? --- Combien voulez-vous avoir de cette Collection ? --- Oh, Monseigneur, je m'en rapporte à V. A., à ses lumieres, à sa justice. --- Combien* Le Doux *vous en a-t-il offert ? --- Cet arabe, ce juif, ce fripon vouloit avoir tout cela pour* 40,000 *livres, & mon pere y a mis plus de* 100,000 *écus. --- Votre pere s'est laissé tromper. Si vous voulez* 3,000 *louis de la totalité, c'est une affaire faite...* Voilà Le Doux qui sanglotte, qui se roule par terre, & qui bientôt fait décrocher les tableaux ; on les porte à l'hôtel, il touche la somme & disparoît.

Les amateurs arrivent chez le Prince ; il leur fait voir son acquisition. --- *Eh, voilà les tableaux de* Le Doux ! *tout cela vaut à peine le prix des bordures.* De Prince D*** jette d'abord feu & flammes, veut plaider, il se rappelle qu'il a lui-même fixé la somme qu'il a si mal employée ; il voit s'évanouir sa reputation de connoisseur ; il finit par cacher les Croutes à tous les yeux, recommandant le secret à ceux à qui il s'étoit trop pressé d'apprendre qu'il avoit été dupe.

Un Médecin à qui un avare racontait ses maux & demandoit des avis dans une société où il l'avoit rencontré, en reçut cette réponse. --- *Mais, Monsieur, je vous conseille de consulter un homme de l'art.* Un procès qui vient d'être jugé dans une de nos Provinces, fait connoître un Médecin qui a voulu faire bien plus que celui-là. Cette avanture apprend qu'il faut y regarder à deux fois pour recevoir à tel titre que ce soit, les visites de gens qui ont le droit de se les faire payer. L'inefficacité des remedes pour dissiper quelques accidens qui inquiétoient Madame D*** à la fuite d'une maladie dangereufe, déterminerent fon médecin à la remettre à la vie commune. On confulta la Faculté de *Paris*, qui fut du même avis. Madame ayant pris le parti de le fuivre, paya largement fon médecin, *pour folde de compte définitif.* Il continua fes afliduités près d'elle, fous le titre d'ami de la maifon de cette Dame, qui n'a point été malade depuis. Ses deux enfans ayant eu enfuite la petite vérole, ce Médecin fut confulté & récompenfé de fes foins par des préfens en linge & en bijoux : Il avoit aufli profité de la voiture de la Dame, pour venir avec elle à *Paris*, où des affaires perfonnelles appelloient ce Médecin. --- Au mois d'Août dernier, defirant mettre à profit fes afliduités, il fit afligner les Sieur & Dame D*** pour les faire condamner à lui payer la fomme de 1856 liv. *pour 1667 vifites faites chez cette Dame, dans la ville où eft fon domicile, pour 114 vifites à fa campagne, diftante de la ville de 4 lieues, & pour l'avoir accompagnée dans un voyage à* Paris, *où elle alloit confulter les Médecins.* — Il faut avouer que **ce** Docteur favoit compter : il n'eût pas été mal-adroit fi après avoir près de fix ans partagé peut-être la table de cette Dame, il avoit pu s'en faire payer une fomme conféquente pour l'aider à fonder la fienne par la fuite ; mais les Sieur & Dame D*** peu complaifans, ont cru devoir défendre à cette demande par l'expofé des faits ci-deffus. Ce nombre prodigieux de vifites a paru invraifembla-ble aux Juges & au furplus très-inutile à une perfonne, qui, remife à la vie commune, n'avoit plus eu aucun régime à garder. Ils ont eftimé qu'il y avoit compen-fation des foins donnés aux enfans pendant la petite-vérole avec les préfens reçus, & ont débouté le Médecin de fes demandes avec dépens.

M. *Boncourt* un de nos traitans a éprouvé une aventure affez plaifante pour tous autres que pour lui, qui eft connu par fon goût décidé pour l'argent, feule qualité par laquelle il puiffe prétendre à la célébrité. Ce Financier a une jolie femme affez connue de fon côté, mais par des goûts différens, que fon mari ignore ou qu'il feint d'ignorer en enrageant tout bas. Elle aime infiniment le plaifir & conféquemment la dépenfe qui, fuivant le préjugé reçu, le procure. Ne fachant comment avoir de l'argent que l'époux avare lui refufoit, elle a mis une intriguante dans la confidence. Cette femme s'eft préfentée chez le Créfus comme une Dame de qualité qui avoit befoin d'une fomme pour fuivre un procès d'où dépendoit fa fortune ; la Dame a fuppofé des titres pour faire cet emprunt qui lui a été accordé par le Financier à des conditions fort dures. Le tems des paiemens arrivé, le rideau de l'aventure s'eft tiré ; l'homme aux écus a trouvé pour débitrice, à la place de la Dame aux terres & aux procès, fa chere femme qui s'eft mife à rire de la créance. M. *Boncourt* avoit pris des diamans en nantiffement ; fon adroite moitié fe les étoit procurés chez un jouaillier auquel elle avoit donné les fiens fous prétexte d'y faire quelques réparations. ,, Monfieur, a dit Madame *Boncourt* à fon ,, mari qui lui témoignoit fa mauvaife humeur, ne ,, vaut-il pas mieux que je vous aie fait cette petite ,, efpiéglerie que d'avoir eu un autre créancier que ,, vous ; vous fentez quelle monnoie on eût peut-être ,, exigé, je n'euffe pas donné des diamans en gage ; ,, rendez donc ceux que vous avez reçus ,,. L'époux dans fon défefpoir a répondu : ,, Eh, morbleu ,, Madame, faites-moi cocu & ne me volez pas ,,. La petite maîtreffe a, dit-on, profité de l'avis &
n'eu

n'en a pas été moins alerte à s'approprier les écus de Monfieur.

Le Roi fe promenant un jour, avec le Comte d'*Artois*, écarté de la foule des courtifans, rencontra un charretier affez embarraffé. Sa voiture étoit embourbée & il lui falloit un coup de main pour la tirer de ce mauvais pas ; le Monarque auffi-tôt, aidé de fon frere, courut à cet homme qui ne les connoiffoit pas & donna le fecours qui lui étoit néceffaire, le charretier pénétré de reconnoiffance leur offrit un *coup à boire*, ce qui, comme on le peut penfer, fut refufé. En le quittant, le Roi lui donna un louis & M. le Comte d'*Artois* lui en donna deux. Le charretier arrivé au terme de fon voyage fut quels étoient fes bienfaiteurs & marqua fa furprife de ce que le Roi lui avoit donné moins que fon frere. Le Souverain inftruit de l'étonnement du voiturier l'envoya chercher & lui dit : ,, Mon ami, j'ai entendu dire que vous aviez été ,, plus fatisfait de mon frere que de moi ; il n'eft pas ,, furprenant qu'il ait été plus généreux ; il n'a qu'un ,, enfant & moi j'en ai dix-huit à vingt millions ,,.

Le Comte d'*Efcars* un de nos courtifans a eu une aventure affez finguliere à l'un de nos bals. Il étoit amoureux d'une fort jolie femme qui lui avoit donné rendez-vous à cette affemblée : il ne manque pas de s'y trouver ; il la pourfuit avec vivacité ; enfin il obtient qu'elle fera fenfible à fon amour & que la récompenfe fuivra de près fon aveu. La Dame avoit un mafque qu'elle n'a jamais voulu quitter, pas même dans ces momens où l'on peut agir avec liberté. Le couple amoureux après les tendres ébats, fe fépare en fe faifant mille proteftations d'une tendreffe mutuelle. Le Comte étoit enchanté de fa bonne fortune.

F

Un amant heureux rarement eſt diſcret : il raconte ſa conquête à un de ſes amis qui en fait part à un autre ami ; enfin il lui eſt prouvé, au grand mécontentement du Comte, que la Dame, l'objet de ſes penſées, n'étoit point du tout celle qui avoit été dans ſes bras. C'était une vieille fille toute bourgeonnée, la ſœur d'un Libraire qui avoit vu le Comte & s'était apperçue qu'il pourſuivoit au bal une Dame & avait eu l'adreſſe de prendre le même déguiſement, tandis que par des moyens dont on ne m'a pas rendu compte, elle avoit ſu écarter ſa rivale. Le Comte en eſt furieux, il reçoit des complimens de tout le monde, & la vieille dit effrontément : *Il croit avoir été ma dupe ; c'eſt moi qui ait été la ſienne. M. le Comte eſt bien meilleur à voir qu'à avoir, & en vérité ce n'étoit pas la peine que je fiſſe une pareille ſottiſe.*

Le Directeur d'un tripot de ſaltinbanques, qu'on nomme la troupe d'*Audinot* (c'eſt *Audinot* lui-même) a eſſuyé un petit déſagrément. Il vivoit depuis long-tems en concubinage avec une femme dont il avoit pluſieurs enfans. Ce galant homme imbu de l'eſprit comique avoit fabriqué à ſa guiſe les extraits baptiſtaires de ces enfans, en s'y reconnoiſſant le mari de ſa maîtreſſe qui en avoit cependant un autre nommé *La Prairie*. Une fille aſſez célèbre à *Paris* par les agrémens de ſa figure & par ſes liaiſons avec le Prince de *Conti*, eſt l'un des fruits de ces belles amours. Elle s'eſt aviſée de conſulter un jour ſon extrait baptiſtaire, & y voyant un nom étranger qu'avoit imaginé *Audinot* pour remplacer celui de Madame *La Prairie* qui étoit la véritable mere, a attaqué le Directeur de troupe en juſtice. Elle avoit fait ſommer de lui déclarer où étoit ſa mere & ſi elle étoit morte, de lui rendre compte de ſes biens. *Audinot* a rendu naïvement compte de fa conduite & du faux qu'il avoit commis. Cette plaifanterie lui a valu quelques jours de prifons & le *Blâme* dont il fe mocque auſſi bien que l'a fait *B.........* Ces deux perfonnages font affez de l'avis du cocher de fiacre auquel un premier Préfident faifoit cette petite cérémonie : elle confifte en ces mots qui fe difent à l'audience, au coupable humblement proſterné tête nue : *La Cour te blâme & te déclare infâme !* à ces paroles le cocher tout ému s'écria : *Monfeigneur, cela va donc m'empêcher de conduire mon caroffe.* — *Non*, lui répondit-on. —*fûr ce pied là je m'en f....* reprit le fiacre. Ou ajoute que le préfident s'en alla en difant : *& moi auſſi.*

Un homme honoré de la confiance d'un Seigneur, fait un faux, c'eft-à-dire, jette dans le public un billet figné du nom du Scigneur dont il avoit fu contrefaire l'écriture. L'échéance arrive, on préfente le billet à la perfonne dont le nom avait été compromis ; elle confulte un mémoire où fes engagemens étoient notés, & déclare que ce billet eft faux. Elle en fait part à un de fes gens d'affaires qui remonte à la fource & démêle le malhonnête homme. Il écrit auffi-tôt au Seigneur qui étoit à la campagne & lui découvre le fripon. Quelle furprife pour un homme qui n'auroit jamais ôfé foupçonner le coupable qu'il regardoit au contraire comme un autre lui-même ! Mais, fentant ce que va devenir le malheureux, le Seigneur revint à *Paris*, déclare tout haut à la juftice, que la faute eft de lui feul, de fon inexactitude, de fa négligence à noter le billet & de fon peu d'attention à l'examiner. Il efface le fouvenir de cette aventure en payant le billet. De tels procédés font beaux & rares.

Dans un village de Provence nommé *Canne*, un

aubergiste assez misérable de cet endroit, n'avoit pas eu depuis quinze ans, de nouvelles d'un de ses fils qui étoit allé chercher fortune en Amérique. Son voyage & ses travaux avoient fructifié, & se rappellant, il y a quelques mois, l'indigence de ses parens, ce fils digne d'un meilleur sort revint en France, avec le seul dessein de leur apporter des secours & de jouir quelque tems du spectacle de son bienfait. Arrivé à *Canne*, l'Amériquain débarque à l'auberge qui l'avoit vu naître, & pour ménager les plaisirs d'une reconnoissance qui devoit être touchante, il remet au lendemain à quitter l'*incognito*. Il avoit apporté avec lui une cassette qui contenoit deux mille louis d'or & dont le poids annonçoit assez la valeur. Cette malheureuse cassette plus fatale que la boîte de Pandore, excita la cupidité du pere & de la mere de l'inconnu auquelle elle appartenoit. Ils se concertent pour chercher à se l'approprier, & vers le milieu de la nuit, entrent dans la chambre de leur fils à qui la joie de la bonne action qu'il méditoit, la tranquillité dont jouit toujours une ame honnête & la fatigue du voyage avoient procuré un sommeil doux, mais profond. Les monstres l'égorgent & s'emparent du trésor qui leur étoit destiné à un titre bien différent. Si ces scélérats ont conservé dans leur ame criminelle, quelque accès au sentiment que la nature n'a pas refusé aux bêtes les plus feroces, ils auront subi sans doute en reconnoissant leur fils dans la victime de leur forfait, un supplice plus terrible encore que celui qui leur est destiné.

Un homme racontoit dans un repas, qu'il avoit eu, peu de tems avant, une dispute assez vive & qu'elle s'étoit terminée par un maître soufflet qu'il avoit reçu. — Un soufflet, reprit vivement quelqu'un !

mais, Monsieur, cela dut avoir des suites....?—
Comment des suites? dit le narrateur, cette aventure
a eu en effet des suites terribles, j'ai eu la joue enflée
pendant huit jours & je m'en ressens encore.... Un
gascon s'est tiré assez adroitement d'une histoire dans
laquelle il s'étoit embarqué & qui en étoit à un soufflet
qu'il avouoit avoir reçu : *Eh bien?* lui disoit l'un,
Eh bien? lui disoit l'autre ; tout le monde attendoit
le dénouement: *Eh bien , Cadedis,* reprit le gascon,
l'homme fut enterré le lendemain.

Il y a en Angleterre des voleurs dignes par leur esprit
d'être membres d'une Académie. On a admiré celui
qui à *Londres*, au Caffé de la Bourse, suivit pendant
un mois entier un Lord agioteur, sut gagner sa confiance & son amitié, puis un beau jour feignit d'avoir
un voyage à faire. Mylord vient à tirer sa montre.
— Oh ! le charmant bijou, s'écrie le fripon, combien
vous a-t-il coûté? — Cinquante guinées; — j'en
donnerois cent pour posséder un bijou pareil. — L'horloger qui l'a fait est mort. — Je n'ose, Mylord, vous
faire une proposition ; voici un billet d e banque de
soixante livres sterling, je vous supplie de me confier
votre montre pour une demi-heure , je vais la faire
voir à un habile ouvrier qui en prendra le dessein &
auquel j'en commanderai une pareille. — Gardez le
billet & la montre, je vous attends dans une heure à
la Bourse.... L'escroc insista ; le Lord prit le billet en
nantissement, donna la montre & prêta même son
carosse au rusé coquin qui devoit aller chercher son
horloger de confiance, à l'extrémité de la ville. Le
voleur n'a garde de courir si loin ; monté dans l'équipage du Lord, suivi de ses trois laquais, il se fait
conduire à son hôtel & demande à parler à Mylady.
— Je viens, Mylady, de la part de Mylord, dont vous

voyez que le caroffe & les gens m'ont conduit ici ;
il eft au point de conclure à la bourfe une opération
conféquente & que des avis fûrs lui font regarder
comme excellente : il n'a pu fans craindre de la
manquer, venir ici lui-même ; s'il tardoit un moment,
les nouvelles qu'il a reçues, en fe divulgant, change-
roient le cours des effets & il perdroit une occafion
rare ; il m'a donc chargé de vous demander tous les
billets de banque qu'il a laiffé entre vos mains : pour
vous infpirer plus de confiance, Mylady, comme
Mylord ne pouvoit écrire, il m'a remis fa montre que
je vous préfente comme lettre de créance.... Mylady
donne dans le panneau & remet à l'efcroc, 4000 livres
fterling en effets ; vous penfez fans doute qu'il s'évade
avec cette fomme, vous vous trompez ; un homme
de génie ne facrifie rien ; dans une grande affaire, il
tire parti de tout ; le nôtre retourne à la Bourfe,
remet au Lord fa montre avec mille excufes & mille
remercimens, reprend fon billet de 60 livres & pour
lors prend congé. Et que dire de celui que l'Archevêque de *Cantorbury* rencontra dans une forêt affis par
terre devant un échiquier ? Le Prélat voyant un homme
jouer feul aux échecs defcend de voiture, pour rire
de fa folie. --- Que fais-tu là, mon ami ? --- Je joue
aux échecs. --- Comment, tu joues feul aux échecs !
--- Non pas, Monfeigneur, je joue avec le bon Dieu.
--- Il t'en doit coûter fort peu quand tu perds. --- Si
fait, parbleu, je paye très-exactement & nous jouons
gros jeu, attendez un moment, vous me porterez
peut-être bonheur, je fuis aujourd'hui d'un guignon
affreux..... Aïe ! me voilà mat..... L'Archevêque de rire
tout fon faoul ; le joueur du plus grand fens foid
tire trente guinées de fa poche & les lui donne.
--- Monfeigneur, quand je perds, le bon Dieu envoye

toujours quelqu'un pour recevoir ce qui lui revient, les pauvres font ſes tréſoriers, ne balancez pas à recevoir cet argent & à leur diſtribuer, c'étoit le prix de cette partie. --- L'Archevêque eut beau réſiſter, il fut obligé d'emporter les trente guinées. Un mois après le Prélat repaſſe par la même forêt & revoit encore ſon joueur. Celui-ci, dès qu'il l'apperçoit l'engage à s'approcher. --- Monſeigneur, j'ai cruellement perdu depuis que nous ne nous ſommes vus, mais je tiens une bonne revanche; ma foi, voilà le bon Dieu échec & mat..... Eh bien, dit l'Archevêque, qui te payera ? ---Vous, Monſeigneur; je jouois trois cents guinées, & le bon Dieu m'envoye toujours quand je gagne, quelqu'un qui me paye auſſi exactement que je le fais quand je perds; j'ai même dans ce bois quelques amis qui vous l'atteſteront ſi vous refuſez de le croire..... Il fallut bien que le Prélat ſe réſolut de payer de tout ce qu'il avoit ſur lui ; il n'attendit même pas que les invitations ſe multipliaſſent par l'arrivée des bons amis de la forêt.

M. de *Clugny* qui eſt mort Contrôleur-Général, ſe trouva un jour fort incommodé en revenant d'*Amérique*. Le Médecin du vaiſſeau l'examina, & à quelques taches jaunes qu'il lui vit ſur la peau, décida que le malade étoit attaqué de la peſte. Le Conſeil aſſemblé, on condamna en conſéquence M. de *Clugny* à être ſacrifié au ſalut de tous & à périr comme un nouveau rédempteur. L'aumônier du vaiſſeau alla annoncer au malade qu'il devoit ſe préparer à être jetté à la mer. M. de *Clugny* demanda par grace deux heures pour mettre ordre à ſes affaires ; au bout de ce tems qui lui fut accordé, l'aumônier & l'eſculape entrèrent dans la chambre, mais quel fut leur étonnement de trouver le prétendu peſtiféré ivre mort;

étendu à terre à côté d'un pot d'eau-de-vie qu'il avoit vuidé. Le myftere de la maladie fe développe aux yeux de l'ignorant médecin qui en favoit pourtant affez pour diftinguer une immenfe quantité de puftules d'un genre bien différent de celui qu'il avoit annoncé d'abord. La portion violente qu'avoit pris M. de *Clugny* , avoit chaffé avec force au travers de la peau le virus de la petite vérole dont le malade fe tira fort heureufement.

Il s'eft paffé à un bal de l'Opéra, une fcene du genre de celles dont la halle eft fouvent le théatre, mais les fuites en ont été plus plaifantes. Deux Courtifannes, *Rofalie* & *Sainte-Marie* , fe font prifes de propos : Des injures, les invectives ou les vérités dures, ce qui eft à peu près fynonime entre ces Demoifelles, ont été prodiguées. *Rofalie* fut obligée de céder le champ de bataille à fon adverfaire ; elle fe retira étouffant de rage & dévorée de la foif de fe venger. Le lendemain, un jeune homme fe préfente chez *Sainte - Marie* qui étoit encore couchée : la femme-de-chambre refufe la porte, il infifte , enfin il pénetre dans la chambre où la belle repofoit dans les bras de Morphée. Alors il ferme les verroux, il ouvre les rideaux avec fracas & fe fait reconnoître. C'étoit *Rofalie* elle-même qui venoit demander raifon à fon adverfaire. Elle tire deux piftolets & les préfente à *Sainte-Marie* , qui à peine éveillée, faute de fon lit en chemife & tombe aux pieds de *Rofalie* pour lui demander grace. Celle-ci offre l'arme blanche également refufée. *Rofalie* , après avoir traité fa rivale de poltrone, tire une groffe poignée de verges qu'elle avoit cachée fous fa redingote, oblige *Sainte-Marie* à fe trouffer elle-même, la fuftige jufqu'au fang & fe retire fatisfaite de fa vengeance.

Un événement qui vient d'arriver à *Lodeve*, donne aux jurisconsultes, matiere pour s'exercer. Un homme veuf avoit une maitresse : sa belle-mere après beaucoup d'efforts inutiles pour l'en détacher, imagina le moyen non le plus doux mais le plus immanquable sans doute, pour remplir cet objet. Elle promit vingt louis à un berger pour assassiner la belle. Celui-ci s'associa avec un homme qui sortoit des galeres, & qui y avoit eu le loisir de faire des réflexions sur la sévérité des loix : ils prirent ensemble la résolution d'attraper l'argent sans commettre le crime. La fille mise dans la confidence se cacha, & ils porterent à la belle-mere sa croix & son clavier. L'avarice alloit de pair avec la haine dans l'ame de la vieille, elle chicana les instrumens de sa vengeance, sur la récompense promise & ne leur en paya qu'une petite partie. Ils en donnerent la portion convenue à la fille qui se montra alors & porta plainte devant les tribunaux. Les juges ont à sévir contre un crime qui n'a point été exécuté & conséquemment où il n'y a point de corps de délit. Il faut de plus prouver également l'intention de l'accusée, or on ne peut produire contre elle pour témoins que les deux hommes qui se sont chargés de l'affreuse commission, qui avouent par là leur scélératesse & qui sont intéressés d'un autre côté, à soutenir leur délation, pour ne pas être punis comme calomniateurs : le galérien d'ailleurs est un homme que la loi a déclaré infâme &c.

Une jeune personne qui du fond d'un couvent de Province, s'est trouvée tout à coup transportée dans les bras d'un vieux Financier de cette capitale & dans le bruyant tourbillon de nos sociétés, fut conduite, un jour, pour la premiere fois de sa vie, au spectacle. C'étoit à la Comédie françoise : on jouoit la tragédie la plus froide du théatre moderne. Un de nos *Roués*, de ces mauvais plaisans qui s'amusent tant qu'ils peuvent, aux dépens de l'innocence ingénue, avoit dit à la pauvre provinciale, que pour se faire une réputation, pour répandre une bonne idée de la sensibilité de son cœur, il étoit à propos de donner un cours abondant à ses larmes & de rendre l'auditoire témoin de l'impression que lui faisoit ressentir ce qui se passoit sur le théatre. La jeune femme ne manqua pas de faire provision de mouchoirs, & dès la seconde scene, la voilà qui se lamente, qui pousse des gémis-semens, qui fait retentir la salle de ses sanglots. Le parterre entier de se tourner vers elle, d'applaudir à tout rompre ; enfin le tapage devint général & on poussa les choses au point que le spectacle fut inter-rompu pendant une demi-heure, & la tranquillité ne put renaître que lorsque l'innocente Financiere se retira, en promettant bien de ne jamais s'exposer à avoir des affaires avec le public, & de ne laisser doré-navant éclater sa sensibilité que dans le tête à tête.

Au commencement de la guerre d'*Amérique*, une jeune Demoiselle, née dans le pays de *Galles*, de parens distingués, fit connoissance d'un Cornette qui recrutoit dans la ville qu'elle habitoit : elle lui inspira rapidement une passion qu'elle partagea, & qui s'accrut en peu de tems au point que lorsque l'Officier appellé en *Amérique* par son devoir, se vit sur le point de la quitter, elle se détermina à le suivre, s'évada secretement de la maison paternelle, laissant sur la table, une lettre dans laquelle elle faisoit les adieux les plus tendres à ses pere & mere, & les conjuroit de n'avoir aucune inquiétude sur son compte ; parce que son honneur étoit en sûreté : on se rappelle d'avoir vu dans le tems renouveller

-fréquemment dans tous les papiers nationaux, des avertiſſemens par leſquels les malheureux auteurs de ſes jours, l'invitoient de la maniere la plus attendriſ-ſante à revenir pour eſſuyer leurs pleurs, & partager les tranſports qu'occaſionneroit ſon retour : Pendant ce tems là le vaiſſeau ſur léquel nos amans étoient embarqués cingloit vers l'*Amérique :* ils arriverent à *New-Yorck* où l'hymen mit le ſceau à leurs engage-mens précipités. L'honneur eſt en général le caractere diſtinctif de l'Officier, mais malheureuſement l'accep-tion qu'il donne au mot *honneur*, n'a pas toujours aſſez d'étendue, il l'applique quelquefois trop ſtricte-ment à ce qui regarde la profeſſion des armes, & trop ſouvent il ſe fait un jeu de ce qui dans le fond le déshonore aux yeux de la raiſon & de la philoſophie : tenter de débaucher une épouſe vertueuſe, eſt par exemple une gentilleſſe dont le Commandant du régiment dans lequel ſervoit le jeune Cornette ne ſe fit pas un ſcrupule : il trouva la jeune mariée jolie, très-jolie : la plupart des Officiers la virent des mêmes yeux ; mais par déférence pour leur ſupérieur, ils ne parlerent pas pour leur compte, s'empreſſerent au contraire de ſervir ſa paſſion, lorſque l'occaſion s'en préſentoit, & porterent la complaiſance juſqu'à par-tager la haine que la jalouſie lui inſpira pour l'époux fortuné : après avoir tenté infructueuſement tout ce qu'une paſſion déréglée inſpire pour ſéduire une femme, le Commandant irrité, mais non rebuté par les refus, ſaiſit lâchement une occaſion bien étrange de faire éclater contre le jeune Cornette, la haine qu'il nourriſſoit dans ſon cœur : le malheureux, en cherchant quelques ſimples dont la ſanté de ſon épouſe rendoit l'uſage néceſſaire, avoit paſſé les limites preſcrites à la garniſon ; il n'en fallut pas davantage pour le condamner à la prifon, où l'humidité du climat le réduifit en peu de tems à une extrêmité fi férieufe que fes jours furent vifiblement en danger : fon époufe qui ne le quittoit pas, & qui dans la confolation de prodiguer fes foins à fon mari, trouvoit à peine des forces fuffifantes pour le foutenir, touchoit elle-même au moment de fuccomber, lorfqu'on vint lui dire de la part du Commandant, que fi elle confentoit à fe féparer de fon mari, elle auroit un afyle décent & ne manqueroit d'aucune des chofes néceffaires au rétabliffement de fa fanté & à fon bien-être. La jeune héroïne envoya en réponfe une lettre ouverte, qui fut publiquement lue dans le camp, & dont ce qui fuit eft la fubftance.

— „ Homme indigne, fachez que prête à expirer
„ dans les tortures ; s'il s'agiffoit de fauver mon mari,
„ je ne fauverois ni lui ni moi, s'il falloit que fon
„ honneur ou le mien en fouffrit : ne croyez pas,
„ homme vain, que l'indigence, les fouffrances & la
„ chafteté ne peuvent point habiter enfemble une
„ ame noble & pure : vous vous abuferiez ; l'infulte
„ que je reçois de vous eft d'autant plus lâche que
„ vous ne pouvez vous diffimuler que rien dans ma
„ conduite n'a jamais pu encourager votre audace :
„ ne m'importunez plus, & fur-tout que votre pré-
„ fence ne viole pas mon afyle : mes bras font affoi-
„ blis, à peine me refte-t-il la faculté de les lever
„ encore pour difpenfer mes foins à mon époux,
„ mais craignez qu'ils ne trouvent dans l'excès de
„ l'outrage affez de force pour nous venger l'un &
„ l'autre „.

A la lecture de cette lettre le Commandant frappé de remors, vole aux pieds de l'héroïne, lui demande humblement pardon, ainfi qu'à fon fexe, qu'il promet de refpecter le refte de fa vie ; le jeune Cornette fut

élargi fur le champ : bientôt on l'avança, & il eft
actuellement Major du régiment : le couple vertueux,
objet de l'admiration univerfelle, feroit trop heureux,
fi la cruelle épreuve à laquelle il fut mis, n'en eut pas
confidérablement altéré la fanté. Lorfque le Capitaine
S.... quitta l'*Amérique*, la jeune héroïne venoit de
donner le jour au premier fruit de fes chaftes ardeurs :
il n'avoit vécu que peu de jours ; & comme le Major
étoit malade, faute de provifions fraîches, fon angélique moitié l'allaitoit de fon lait : voilà des leçons
qu'on ne peut trop fouvent remettre fous les yeux
des hommes pour leur apprendre à connaître le vrai
bonheur, & à fe diftinguer de cette diffipation qui ne
laiffe dans l'exiftence que le vuide & le repentir.

On a mandé de *Rouen*, un évéhement horrible.
Un jeune homme de mœurs très-réglées, était aimé
d'une Demoifelle dont les parens étoient opiniâtré-
ment réfolus de lui refufer la main. Parvenue à l'âge
où la loi permet de forcer le confentement des peres
& meres déraifonnables, elle l'avoit époufé contre
leur volonté. Depuis trois années les jeunes époux
goûtoient les douceurs d'une union bien affortie. Il
manquoit à leur bonheur d'être reconciliés avec ces
parens barbares : ils font des démarches pour y parvenir, & obtiennent un rendez-vous avec la mere.
Celle-ci leur peint fous les plus vives couleurs, la
colere de fon mari & propofe de conduire à fes
pieds la fille feule, pour tâcher de le fléchir, tandis
que le gendre retourneroit chez lui pour y attendre
que le pardon fût obtenu & fe préfenter enfuite. Il
y avoit quelques lieues de diftance d'une habitation
à l'autre. La jeune femme trouva les bras de fon
pere prêts à fe rouvrir ; elle envoye fur le champ un
exprès pour en avertir fon mari & le faire venir.

L'exprès revient fans avoir pu remplir fa commiffion & rapporte que depuis que le jeune époux étoit parti avec fa femme on ne l'avoit pas revu. On fait des recherches inutiles ; enfin la mere déclare d'elle-même *qu'elle l'avoit fait affaffiner à tel endroit, par un homme à qui elle avoit promis cent écus lorfqu'elle fut certaine de l'exécution de fon affreux affaffinat, qu'elle s'étoit portée à cet excès de cruauté par la haine &c.* Le mari de cet abominable femme n'étoit point complice du crime. La coupable a fubi fa jufte punition.

Les Particuliers tirent par-ci par-là quelques douces vengeances des atteintes que leurs fronts reçoivent fouvent de la part des Grands. Le *Pr.. De...* a trouvé un jour le Chevalier de *L....* dans une place qu'il croyoit avoir le droit exclufif d'occuper : au moins avoit-il fait des dépenfes énormes pour fe l'affurer. Mademoifelle *Gavaudan* auffi fenfible à l'agréable tournure du Capitaine qu'aux hommages éclatans du vieux Général, partageoit également fes faveurs entre eux. Le *Pr.* s'eft retiré difcretement & a envoyé 500 louis avec le congé. C'eft agir noblement.

Un Artifte de quelque réputation, un Sculpteur de l'Académie royale, M. *D'H....*, prenoit plaifir depuis une vingtaine d'années à mettre les petites filles du quartier dans la route du libertinage. De toutes les brillantes Demoifelles qui parcourent fi régulierement le foir la rue *S. Honoré*, il y en a un quart de fa façon, c'eft-à-dire qu'il les a engagées dans ce beau métier-là en les débauchant. Un enfant de dix à douze ans avoit paffé comme tant d'autres par fes mains impures. Mais il s'eft trouvé que la mere, quoique pauvre, eft une femme d'honneur. Cette femme emportée par la rage, prend un piftolet, monte chez le S. *D'H....*.

Il étoit feul dans ce moment : il ouvre lui-même ; cette mere furieufe tire fon coup de piftolets fur lui. On ne fait quel mouvement de bras fit aller le coup, un peu en l'air : mais le fculpteur en eut la joue & un œil emportés. Alors cette femme laiffa tomber fon piftolet & s'en retourna fort tranquillement. On ne fait ce qu'elle eft deveue. On penfe que fi on la retrouve, elle aura facilement fa grace. L'on dit auffi que la bleffure du S. *D'H....* n'eft pas mortelle : mais il eft certain qu'il confervera le refte de la vie la marque de cette punition auffi terrible que méritée. Ce fculpteur âgé de plus de cinquante ans, étoit un affez bel homme : il fera déformais un vilain borgne ; nous verrons s'il travaillera à perdre fon autre œil.

Il s'eft paffé, il y a quelque tems, une aventure affez gaie à *S. Ouen.* Une troupe nombreufe de payfans étoit occupé à fouler le raifin, & cet agréable travail les avoit retenus bien avant dans la nuit. Nos gens ne s'étoient épargné ni le vin vieux ni le vin nouveau ; & de tous leurs divertiffemens il étoit réfulté qu'à minuit, il étoient prefque tous dans une ivreffe complette : mais, dit l'un d'eux, tandis que nous fommes ici à nous amufer, que font nos femmes ? ma foi, répond un autre, je m'embarraffe de ce que fait la mienne, comme de cette pelure de raifin, & cela eft fi vrai que fi quelqu'un de vous veut mes clefs, je vais les lui donner, & il en fera tout ce qu'il lui plaira. Un payfan affez trapu & beaucoup moins ivre que les autres accepte la propofition. Tiens, lui dit le commode mari, voilà le paffe-partout d'en bas, voilà enfuite la clef de la chambre : arrange-toi comme tu le voudras. Notre galant part, arrive à la grande porte, effaie fon paffe-partout & trouve qu'il ouvre fans difficulté. Il monte, ouvre auffi très-facilement la

porte de la chambre où la commere étoit couchée &
endormie. Il ne fait ni bruit ni façons ; il se déshabille le plus doucement du monde & se glisse au lit.
Bientôt il se met en devoir de remplir les fonctions
conjugales : on les reçoit très-humblement : il ne
souffle pas le mot. Un quart d'heure après, il veut
recommencer : *Ah ! ah !* dit la femme, *tu es bien
gai aujourd'hui, Pierrot !* cette seconde entreprise
réussit comme la premiere. Mais notre verd-galant
ne tarda pas à faire une troisieme tentative : *Ah !
chien*, s'écrie alors la femme en colere, *tu n'est pas
Pierrot*, & dans le moment, elle tire les rideaux
& fait tomber sur lui une grêle subite de soufflets &
de coups de poings. Notre homme se débarrasse
comme il peut, prend bien vîte ses hardes, gagne
la porte qu'il ferme sur lui, s'habille sur l'escalier &
retourne conter son aventure à l'assemblée des ven-
dangeurs. Mais le mari avoit cuvé son vin, il n'entendoit plus raillerie. Il fit le lendemain un procès criminel
à son ami. Ce procès a été jugé d'une maniere expé-
ditive, comme cela se pratique au village. Il s'en est
ensuivi un appel. Les Juges ont cru que cette singuliere cause pouvoit divertir nos jeunes Princes & même
nos jeunes Princesses. On ne parle que de cette
histoire & à la Cour & à Paris. Une femme devant
laquelle on venoit de la raconter, observa que la
paysanne avoit été bien dupe, & qu'à sa place elle
n'auroit jamais fait semblant de s'appercevoir de rien.
Cela prouve bien, Madame, lui répondit-on, que les
femmes de village n'ont pas tant d'esprit que celles
de la ville.

Le Mardi gras de cette année (1783), un Arlequin
faisoit le facétieux sur le Pont-neuf avec une souris
qu'il tenoit attachée à un fil & s'avisa de la poser sur

le

le col d'une Dame qui paſſoit. Soit mal-adreſſe, ſoit malice, l'animal ſe gliſſa dans le ſein de cette Dame, qui étoit enceinte, ce qui lui cauſa une telle révolution qu'elle tomba ſans connoiſſance. L'impudent Arlequin oſant recourir après ſon animal, alloit porter ſa main ſur cette Dame, lorſque le Cavalier qui l'accompagnoit, outré de ſa téméraire effronterie, lui paſſa ſon épée au travers du corps & l'étendit ſur la place. La garde accourt, s'inſtruit du fait, & ſe montre aſſez raiſonnable pour n'exiger du Cavalier, que ſa parole d'honneur de ſe préſenter toutes fois & quantes, & le laiſſa donner ſes ſoins à la Dame. La leçon étoit dure & violente ; mais il eſt des cas où l'homme le plus circonſpect & le plus humain peut porter juſques là ſon indignation.

Une aventure vraiment atroce, vraiment digne de toute la ſévérité des loix, eſt celle qui vient d'arriver à *Marſeille*. Une jeune Dame, mariée depuis peu de tems au fils de M. de *Br....*, étoit en diſcuſſion d'intérêts avec ſon beau-frere. L'affaire pendante aux tribunaux, n'annonçoit pas un iſſue favorable à M. de *Br.....* Un ſoir, à la ſortie du ſpectacle, un homme maſqué ſe préſente à la chaiſe de cette Dame, ordonne à ſes porteurs d'arrêter, lui lâche auſſitôt dans la cervelle un coup de piſtolet chargé de cinq balles & diſparoît. La Juſtice informée de cette horrible meurtre, ne ſavoit ſur qui jetter les premiers ſoupçons ; le Public les fait naître : ſur quelques propos qui y tranſpirent, on crut devoir s'aſſurer de M. de *Br....* & en conſéquence on le fit arrêter, mais ſoit qu'il ſe ſoit fait à lui-même juſtice, ſoit qu'il n'ait point voulu ſurvivre à l'infamie d'une imputation auſſi odieuſe, il s'eſt coupé la gorge dès le premier jour de ſa détention. Cette circonſtance ayant accru

G.

les rumeurs publiques, le fils a été tellement inculpé
lui-même, qu'on alloit s'emparer aussi de sa personne,
s'il n'eût pris les devans par sa fuite, ce qui le fait
regarder comme complice de ce révoltant attentat.
On trouve quelques raisons de pardonner aux fureurs
de l'amour ou de la vengeance; mais du vil intérêt?
Oh, il n'en peut être aux yeux de l'homme de bien.

Le jour de la *S. Martin*, un jeune Robin jouoit
au *Reversi* dans une maison d'ami & à un prix très-
modéré. La fortune lui avoit été constamment contraire. Le *Quinola* lui ayant été gorgé pour la ving-
tieme fois, il se leve avec quelqu'apparence de dépit,
charge un spectateur de tenir son jeu & sort. On s'inquiete de ne pas le voir revenir, on sonne; un laquais
rapporte que sur sa demande on lui a remis la clef du
cabinet d'aisance, un marteau & un grand clou avec
lesquels il a disparu. Dans l'instant le bruit d'un pistolet
se fait entendre : tout le monde s'empresse de courir au
cabinet secret. La porte en s'ouvrant laisse voir le
joueur assis avec un pistolet dans la main, & la tête
penchée sur la poitrine. Un grand soupir annonce
qu'il n'a pas encore perdu la vie. On veut le secourir.
Laissez-moi, dit-il, laissez ma rage s'assouvir, & ne
m'arrachez pas au spectacle qui peut seul la justifier.....
En disant ces mots il montre le *Quinola* qu'il avoit
cloué au mur. On frémissoit d'horreur, & on ne pouvoit se refuser à la pitié qu'inspiroit un tel délire. Je
suis vengé, ajoute le malheureux Robin, j'ai brûlé la
cervelle à *Quinola*.... On y regarde, on voit en effet la
tête du pauvre *Quinola* emportée d'une balle qui
avoit percé la carte : on ne savoit que penser. Le
joueur se releve brusquement, faisant des éclats de
rire, & rappelle les esprits des Dames avec l'*Alkali
volatil*. La scène entièrement changée fit bientôt

fuccéder la joie aux frayeurs qui paroiffoient les mieux fondés.

Un jeune Officier gafcon obtint un jour, un charmant tête à tête, à fouper & la plus belle nuit du monde, fous la promeffe d'envoyer le lendemain matin une jolie *Polonoife*. La Belle dormoit encore lorfque le galant dont la générofité s'étoit éteinte avec fon amour, s'habilla en regrettant fort fon engagement indifcret & rêvant aux moyens de retirer fa parole fans écorner les minces revenus de fa *légitime*. Il part enveloppé dans fon vafte manteau. Une heure après, la Demoifelle reçoit un gros paquet avec un billet de lui, renfermant les plus tendres remercimens & un brillant étalage de fon empreffement à remplir fa promeffe. Une ample pourboire récompenfe le porteur, on brife avec une impatience indomptable, mille nœuds qui réclamaient le charmant cadeau dont on brûloit de jouir. Jugez du dépit, de la fureur dont eft tranfporté : c'étoit en effet une jolie Polonoife, mais celle même que la Belle abufée avoit portée la veille & que l'ingrat gafcon avoit emportée fous fon manteau en s'éloignant du temple des plaifirs.

Quatre filoux ayant fu qu'un homme riche qui demeure au fauxbourg *S. Antoine*, étoit abfent depuis long-tems, & qu'il n'entretenoit aucune relation avec les perfonnes de fa maifon, fe font imaginés de forger fon extrait-mortuaire. L'un d'eux s'eft coftumé en Commiffaire, le fecond en clerc & les deux autres en héritiers de Province ; déguifés ainfi, il fe font tranfportés au domicile du mort-vivant, & ont produit leur faux titre au propriétaire de la maifon, lequel, après avoir témoigné beaucoup de regrets de la perte de fon locataire, leur a ouvert toutes les portes & les a inftallés dans l'appartement du foidisant défunt. Prendre possession, s'en réjouir & faire des ballots, fut pour eux l'affaire d'un instant : cette vivacité imprudente leur fut fatale. Quelqu'un qui étoit dans un appartement voisin, s'apperçut de leur manege & fit part de ses soupçons. On va chez le Commissaire du quartier, qui accourt, & qui fort scandalisé de voir la robe respectable de son ministere profanée par un faux confrere, l'a inhumainement envoyé au Châtelet, ainsi que la séquelle de clercs & d'heritiers ; ils iront probablement de-là faire le voyage & le retour de *Marseille* à *Toulon*, & de *Toulon* à *Marseille*.

Dans le nombre de nos Impures, il en est entr'autres, deux fort bêtes & fort insolentes, qu'on vient de *mistifier* très-plaisamment. On leur a persuadé que le Grand Seigneur avoit envoyé ici un Emissaire, faire recrue pour le Sérail & qu'elles pouvoient se mettre sur les rangs. Il étoit question d'une fortune considerable après trois ans de service, terme de l'engagement. Les deux Belles, (*Dumoulin & Viriville*) furent très-exactes au rendez-vous qu'on leur assigna pour convenir des faits. *Husson & Dugazon*, les deux farceurs les plus renommés de la Capitale, s'y trouverent, l'un comme *Bostangi*, l'autre comme l'*Essayeur* de Sa Hautesse. On peut penser qu'il y eut aussi un bon nombre d'*Essayeurs en second*. Enfin après avoir rempli toutes les formalités convenables, on congédia les deux Demoiselles, en excitant de plus en plus leur amour-propre & leur cupidité par le tableau du plus brillant avenir Elles ne furent détrompés que le lendemain à la promenade du matin dans le jardin du Palais Royal, par les huées de leurs camarades & les railleries ameres de tous nos jeunes gens qu'on n'avoit pas manqué de mettre dans la confidence.

Il s'eſt paſſé à *Caen* une aventure auſſi cruelle qu'étrange. Une jeune veuve fraîche & jolie, nommée *Salmon*, demeuroit depuis quelques années dans une maiſon attenante au couvent des *Jacobins* de cette ville. Apparemment que profitant de cette proximité, qui favoriſoit l'*incognito*, l'un des frocards ſe ſera inſinué auprès de cette jeune femme ; à force de ſoins & d'importunités, il aura peut-être obtenu ſes bonnes graces. Vraiſemblablement auſſi, qu'elle s'en ſera bientôt dégoutée, qu'elle aura rougi du ridicule qui en rejailliſſoit ſur elle, ou que quelque nouvel adorateur plus aimable, aura congédié le *Jacobin*. N'importe, elle quitta le voiſinage du couvent, & prit un autre logement dans une rue éloignée : croyant s'y ſouſtraire à des déſagrémens, elle y trouva le terme de ſa vie. Quelques jours s'étoient à peine écoulés, que cette malheureuſe femme fut aſſaſſinée dans ſon lit ; & le lendemain matin, on trouva le *Jacobin* noyé dans la riviere, un peu au-deſſous d'un pont qui joint la ville au fauxbourg de *Vaux-celles*. Cette tragique affaire a excité la plus grande fermentation ; on a arrêté & empriſonné beaucoup de perſonnes : mais il peut bien ſe faire que les ſeuls coupables ſont déjà punis ; que le Moine, furieux de rage & de jalouſie, ſe ſoit livré à la vengeance envers cette femme, & s'en ſoit enſuite puni lui-même.

C'eſt un grand plaiſir, une jouiſſance délicieuſe pour nos *Roués*, de voir nos *Intriguantes* abandonnées, trahies & jouées inhumainement par quelques-uns des charmans proſélites qu'ils font tous les jours. Le nombre s'en eſt multiplié juſqu'au fond de nos Provinces. Auſſi, ſans les *Etrangers* que feroient, que deviendroient nos femmes ? L'une des plus célebres eſt dans ce moment-ci aux abois, & qui pis eſt,

exposée aux persifflages, aux quolibets & aux rica-
nemens de nos *Eventés*. M. *Hugues* négociant de
Marseille, se passionna très-vivement, il y a quelques
mois, pour les appas de Mademoiselle *Ménard*, &
voulut tout sacrifier pour l'*avoir*. (ce mot est technique
dans le monde.) Les billets au porteur étant en bon
nombre dans son porte-feuille, lui rendirent cette
négociation amoureuse bien plus prompte, que ne
l'eussent fait les plus tendres billets doux : il s'en servit
pour enflammer sa *Beauté*. Quel éloquent langage !
comment y résister ? Le Provençal fut appellé, caressé
dès sa première déclaration, & de ce moment, il fut
ce que nous nommions vulgairement, le *Mylord pot-
au-feu* du logis. Bientôt la Belle devint enceinte. Sur
ces entrefaites, des affaires survenues ou concertées
ayant obligé M. *Hugues* de se rendre à *Marseille*,
il recommanda tendrement à sa *Dulcinée*, de ménager
l'objet & le fruit de ses amours, & lui fit la promesse
de 60,000 livres si elle accouchoit d'un garçon. On
conçoit facilement toutes les protestations que fit la
Demoiselle. Les simagrées d'usage ne furent pas épar-
gnées, ni les sermens oubliés. Enfin le terme arriva,
& Mademoiselle *Ménard* mit au monde, non un seul
petit garçon, mais *deux* bien conditionnés. Ravie de
l'aventure, elle se hâte d'en faire instruire son généreux *Provençal*, & lui représente que sa tendresse & ses
largesses doivent accroître en proportion de ses peines,
& de sa création ; qu'en conséquence elle réclamoit le
double de ses promesses ; mais l'absence, qui est le
plus grand ennemi des jolies femmes, avoit calmé
sans doute l'imagination de M. *Hugues*, car il lui a
répondu qu'effectivement il lui avoit promis 60,000 l.
pour un enfant, mais que son engagement devenoit
nul, puisqu'elle en avoit deux. La Demoiselle *Ménard*

peu fatisfaite de cette logique commerçante, voulut avoir 120,000 liv. & menaça fon ingrat adorateur, de l'attaquer en juftice, s'il perfiftoit dans fon refus. Comme les mauvaifes langues affurent que Meffire *Caron de Beaumarchais* étoit l'amant furtif de cette *Laïs*, lorfqu'elle appartenoit au Duc de *Ch....*, on ajoute plaifamment, que par reconnoiffance, il fabriquera fes *mémoires* en cas de pourfuite; ce que defirent nos oififs & nos amateurs.

Il eft arrivé une aventure du même genre à cette jolie Actrice des Italiens, qui fut, il y a quelque tems, foupçonnée d'avoir voulu empoifonner fa fœur. Mademoifelle *Du Fayel* vivoit depuis fix mois avec M. de *Senn....re*, & en fille fage & prévoyante, elle s'étoit fait donner par cet amant fortement épris, deux contrats de 80,000 liv. chacun, ce qui lui mettoit tout d'un coup 160,000 liv. dans fon porte-feuille. La famille de M. de *S....* en ayant été informée, en a porté des plaintes au roi, qui a exilé la Demoi-felle, pour avoir abufé de la foibleffe d'un jeune homme aveuglé. Avant de partir, elle a été obligée de rendre les contrats entre les mains de M. le Lieute-nant de Police: mais il lui a été laiffé 20,000 liv. afin *qu'elle n'ait pas perdu fes fix mois avec M. de S....*

Le Marquis de *L....* épris des charmes de Made-moifelle *Fermel*, alla un jour chez elle & la pria fans fadeurs de lui accorder une nuit. On devine que Mademoifelle *Fermel* eft trop polie pour refufer un joli Seigneur. Elle y mit toutefois une condition, & demanda un collier de *Chatons* dont elle avoit befoin. C'eût été peu de chofe pour un Partifan: mais c'étoit beaucoup pour un Marquis françois plus accoutumé à payer de fa perfonne que de fa bourfe: cependant avec beaucoup d'efprit & peu de délicateffe on fe tire aifément de tout. — Quoi, n'eft-ce que cela, mon ange ? Oh ! rien n'eft plus jufte : mais pour le moment cela n'eft pas poffible ; fi vous le trouvez bon, je vais vous en faire mon billet.... vîte de l'encre, du papier : on écrit & on couche.

Le Marquis de retour à fon hôtel, envoye chercher tous les petits chats du quartier, les entrelace avec des faveurs *couleurs de rofes* & fait un collier de *chatons* admirable. On les met dans un joli panier garni de gaze en dedans, & farci de rubans bleus au dehors : on porte enfuite le tout à Mademoifelle *Fermel*, qui charmé de l'élégance extérieure du cadeau, remet au porteur le billet du Marquis. Qu'il eft galant, difait-elle en défaifant la multitude des nœuds qui formoient le pannier ! elle leve la gaze : & les fureurs de l'avarice trompée fuccédant au fourire de l'intérêt fatisfait, elle charge le Marquis d'imprécations foldatefques, & va fe plaindre au Doyen des Maréchaux de France. Le billet explique-t-il de quoi fera le collier ? lui demanda le vieux Juge du point d'honneur, d'un air goguenard. Non, Monfeigneur, répondit la nymphe plaignante. Tant pis, Mademoifelle, car en ce cas le Marquis a rempli fa parole & je fuis votre ferviteur.

La femme d'un Confeiller au Parlement très-connue par fa pruderie étant allée à *Verfailles*, defcendit à l'hôtel du *Jufte*, où logeoit par hafard le Marquis de *N*.... En croyant entrer chez lui, il fut à l'appartement de cette jeune femme, qui fe trouvoit feule & fans lumiere. Madame *De*.... crut que c'étoit fon époux & s'avança pour le recevoir. *N*.... s'apperçut de la méprife, & fut en profiter. Il fit le mari & le fit fi bien que la prude trouva qu'il étoit plus mari dans une heure que l'autre ne l'étoit dans un an. Dans l'enthoufiafme d'une vertu fi *maritale*, elle voulut l'*embraſſer* & rencontra une groſſe queue dont M. le Conſeiller étoit ſans doute privé. — Ah, coquin, s'écria-t-elle au moment où elle fuyoit de ſes mains, vous avez la queue: au ſecours ! le Marquis s'en alla & conta l'aventure à tous ſes amis qui le dirent aux leurs : tous parurent le lendemain avec des queues monſtrueuſes. La pauvre femme ne voyant de tous les côtés que des queues, en penſa mourir de honte & partit ſur le champ.

Chacun a ſa maniere de voir les hommes : les uns rient, les autres pleurent de leurs ſottiſes, & ce contraſte donne une pauvre idée de cette raiſon humaine que nous faiſons ſonner ſi haut. Un Gentil-homme retiré du ſervice de *Mars*, s'étoit entiérement donné à celui de *Vénus :* il vivoit, (c'eſt le mot courant) avec une Courtiſanne de cette Capitale, qui lui donnoit l'habit, la table & le lit. Cet ex-militaire que l'état de ſa bourſe livroit aux expédiens, fréquentoit les tripots pour y faire quelque reſſource. Dame fortune eſt ſouvent traitreſſe ; il perdit un jour armes & bagages, c'eſt-à-dire argent, montre & bijoux. Irrité contre ſon adverſaire, il lui diſpute la légitimité. de ſon gain : la querelle s'engage, ils ſortent l'un & l'autre, & l'ex-militaire reçoit un grand coup d'épée qui l'étend ſur la place. On le met dans un fiacre, & fouette cocher chez la Dame... Un homme mort ! Qu'en faire ?.... on ne peut le donner aux chiens, ils n'en voudroient pas. De jeunes Chirurgiens qui demeuroient dans le voiſinage, ſe préſentent & de-mandent le cadavre. — Très-volontiers, Meſſieurs, mais combien ? — 48 liv. — C'eſt trop peu.... Le malheureux étoit frais, grand, bien bâti ; nos éleves de *S. Côme* offrent juſqu'à trois louis ; & la douce. Dame leur livre ſon mignon. Voilà, mot à mot, ce qu'on racontoit dans une société d'hommes & de femmes. On hauffoit douloureufement les épaules & on trouvoit l'action de cette femelle, atroce, révoltante..... Quel fut l'étonnement des gens honnêtes de lui trouver des partifans, & de voir à la fin tous les rieurs pour elle !.... *O Mores !*

La Baronne de la *T...* *D...* a été enfermée à l'abaye d**, par ordre du Roi. C'étoit une Chanoineffe de *R....* ; elle étoit belle comme *Vénus* & féduifante comme les *graces* ; la Grece lui eût élevé des temples comme à l'éleve chérie des *Mufes* ; plus tendres que *Pfiché* & plus vertueufe que *Minerve*, elle avoit le fuffrage de fes compagnes mêmes. Dans un voyage qu'elle fit dans fa province, le Baron de *T... D....* la vit : c'éft-à-dire qu'il l'aima éperdûment, car on n'échappe point aux féductions réunies de l'efprit & du cœur, des talens & de la beauté. Il étoit jeune, aimable, honnête & très-riche ; après avoir obtenu le confentement des proches de Mademoifelle *D...* il s'adreffa à elle-même. Sa réponfe fut noble & touchante : Je fuis flattée, Monfieur, lui dit-elle, des fentimens dont vous m'honnorez, mais je peux d'autant moins y répondre, qu'un autre eft en poffeffion de ceux que vous feriez en droit d'exiger. C'eft le *C. D....* qui les poffede ; la médiocrité de nos fortunes met obftacle à notre union : mais je l'aime & je fens trop que je n'aimerai jamais que lui. Votre recherche m'a déjà caufé du chagrins ; je né réfifterai point aux ordres abfolus de mon pere, mais fongez, Monfieur, que mon cœur ne peut fuivre le don de ma main & qu'il eft tout entier à un autre.

Il femble qu'une déclaration fi précife eût dû arrêter la pourfuite de l'amoureux Baron, mais fi fa raifon lui mettoit fous les yeux ce qu'il en avoit à craindre, ſon amour lui diſoit qu'il ne pouvoit vivre ſans ſa belle Chanoineſſe ; & comme en pareil cas, la raiſon eſt moins preſſante que l'amour, il paſſe outre & l'obtient.

Il eût été digne de Mademoiſelle *D.* de faire au Baron le ſacrifice de la paſſion qui la préoccupoit, ſi ce ſacrifice eût été poſſible. Toujours les mêmes égards, le même empreſſement, la même délicateſſe dans les témoignagas continuels d'un attachement que rien n'a pu altérer. Mais tous ces efforts furent inutiles. Sa femme enſevelie dans une terre, ſe refuſant à toute eſpece de diſſipation, conſumée par une mélancolie profonde, toucha bientôt aux portes du tombeau. Le Baron déſeſpéré de la perdre & ſe reprochant ſa mort, prit un parti dont on ne ſe feroit jamais aviſé ſans doute. Certain que l'amour quel conſervoit pour le Comte *D....* étoit la premiere cauſe de ſa ſituation allarmante, il lui écrivit & le pria de venir à la *T.. D....,* la voir & l'engager à prendre ſoin de ſes jours. Le Comte part & arrive, le Baron le reçoit, le préſente à ſa femme étonnée, fait mettre les chevaux à ſa chaiſe de poſte & les laiſſe ſeuls.

Voilà un mari bien débonnaire : laiſſer ſa femme ſeule avec un amant : & quel amant ? un Capitaine de Dragons, un *Lovelace*, un Roué, un *mangeur de femmes*, dont le premier principe avec elles eſt de n'en point avoir. Eh bien, oſeroit-on dire qu'on ſe trompe, que quand le Comte *D....* auroit eu la façon de penſer que les étrangers imputent ſi légerèment au militaire françois, la confiance du Baron l'auroit enchaîné. Le Baron ne lui dit qu'un mot en partant : Je vous laiſſe, M. le Comte, & votre honneur me répond de votre honnêteté.

Au bout de huit jours, ce mari ſi rare revint. On

ne parla long-tems que de chofes indifférentes : fur la fin du fouper, le Comte s'adreffa à Mad. la Baronne : il m'eft bien doux, Madame, ne pouvant faire votre bonheur, de le voir confier dans les mains du plus galant homme que je connoiffe. Tous les liens qui nous uniffoient font rompus ; je pars demain & c'eft pour me marier. Un regard de dépit & de fureur fut la réponfe de la Baronne : elle vit partir fans la moindre apparence de trouble & de regret, & ne parut occupée que du foin de l'oublier. Pour feconder fes difpofitions, le Baron lui fit quitter la campagne & la mena à Paris où il raffembla autour d'elle tous les plaifirs & tous les amufemens.

Il faut que le cœur d'une femme foit fans ceffe occupé. La Baronne de la *T.. D....* qui jufques là avoit détefté le jeu, l'aima comme une femme qui n'aime pas autre chofe, c'eft-à-dire à la fureur. Elles perdit des fommes immenfes & le Baron les acquita fans dire mot. Elle en perdit de nouvelles qu'il paya de même ; mais comme la femme ne fe laffoit pas de perdre, le mari fe laffa de payer. Or on fait qu'en France comme ailleurs, le monde eft plein de Créfus officieux dont la bourfe eft toujours ouverte aux jolies femmes, lorfque leurs maris ne font pas d'humeur à fatisfaire leurs caprices : mais comme les fervices de ces Meffieurs ne font pas trop défintéreffés & qu'ils prétendent à certains dédommagemens qu'il n'eft pas trop honnête de dire, la reconnoiffance de Madame la Baronne la conduifit à des égaremens fi publics & fi multipliés qu'ils ont forcé le malheureux Baron à folliciter contre elle l'ordre du Roi qui la relegue à.... où fon mari lui fait une penfion de 10,000 liv. à laquelle il s'eft taxé lui-même.

Adeline Colombe, actrice italienne, après avoir

été abandonnée pour *Carline*, par le Duc de *F***, tomba entre les mains d'un Maître des Requêtes que les aventures de tripot, ont déjà rendu célebre J...., (c'eſt ſon nom) veut avoir deux maîtreſſes & *Adeline* deux amis (c'eſt le terme d'art.) Un jour, J..... dans un accès de jalouſie, caſſa toutes les glaces de *Colombe*; *Colombe* alla froidement chez J..... & lui briſa les ſiennes : en s'en allant, elle écrivit ſur une carte :

Ce beau Criſtal que j'ai rompu,
T'a montré ſouvent un C...

Le lendemain J.... lui fit préſent d'un contrat de 2000 écus.

C'eſt une créature très-plaiſante qu'un Danſeuſe de l'Opéra, nommée *Théodore*. Elle vivoit avec d'*Auberval* dans une intimité romaneſque. Le Chevalier de *N*.... a paru ; voilà le ménage brouillé. Ce goût-là n'a duré que ſix femaines ; on aimoit d'*Auberval* ; il falloit revenir. *Théodore* eſt adroite ; elle s'eſt aviſée d'écrire à d'*Auberval.*

„ C'eſt moi ; c'eſt votre infidele, ſi je le ſuis. Tu
„ n'as donc pas remarqué que le Chevalier a tous
„ tes traits ; mêmes yeux, même fourire ; il n'a pas
„ ton cœur, & je l'ai cru ; c'étoit toi que j'adorois
„ dans lui ; je l'aimois pour t'aimer deux fois : reſte
„ ſeul & tu me ſuffiras. Veux-tu me revoir ? Ai-je une
„ rivale ? Point de réponſe ; je t'attends à fouper ou
„ je te hais pour la vie. Tu ſais que je tiens parole. „

Signé *Théodore.*

D'*Auberval* a ſoupé chez elle.

M. *Gil. de Cour.* a rencontré un jour ſa chaſte épouſe dans une promenade noĉturne au Palais royal, faifant ce que de bons bourgeois devraient faire à cette heure-là, chez eux. La pauvre femme qui avoit joué ce jeu-là mille fois, fans pareille malencontre, fut toute ftupéfaite, demanda grace, & confentit d'aller au couvent, pourvu qu'on lui permît de garder fes cheveux. Le mari eft procureur ; ces gens - là ont l'ame dure : „ Non, Madame, lui dit-il, vous ferez „ condamnée à la peine de *l'authentique*, duffent „ les cornes me pouffer jufqu'au deffus de ces arbres : „ quant à toi, dit-il au complice, nous aviferons ce „ que faire il conviendra „. Cependant l'affaire a pris une tournure plus pacifique. Le Procureur *Gil.* aura réfléchi plus mûrement fur le bien qu'une procureufe jolie & complaifante fait à une étude.

Un boulanger de *Goneffe*, vilage près de *Paris*, avoit envoyé fa fille à la ville pour y recevoir 600 liv. Avant fon départ, elle alla chercher fon *amoureux* afin qu'il vint avec elle. Tout alla bien jufqu'à fon retour, que l'ayant conduite fur le bord d'une carriere très-profonde qui fe trouve éloignée de quelques pas du grand chemin, il lui demanda fes 600 liv. La fille croit qu'il badine, elle refufe : demande réitérée, refus nouveau : enfin il lui dit que fi elle ne les donne pas, il la jettera dans la carriere. Après qu'il les eut reçus : Ce n'eft pas tout lui dit-il, il faut que tu te mettes toute nue. On juge de l'état de cette pauvre fille. Elle eut beau pleurer, prier, fe mettre à genoux ; il lui fit la même menace. Elle obéit. Elle crut qu'il lui laifferoit au moins fa chemife : point du tout. Eh bien, tourne toi au moins, lui dit-elle, que je ne l'ôte pas devant toi. Le fot fe retourne. Alors elle lui applique vigoureufement fes deux mains fur les épaules & le pouffe lui-même dans la carriere. Il a eu les deux cuiffes caffées. On l'a conduit en prifon d'où il ne fortira que pour les avoir encore caffées d'une autre maniere.

Un Orfevre, bijoutier, faifeur d'affaires, homme à tout, hors à l'honneur, avoit époufé une femme riche, jeune & jolie qu'il rendoit malheureufe par fa maniere de fe conduire avec elle. Vive, fémillante, elle aimoit le plaifir & fon mari ne lui en procuroit point ; le devoir conjugal a même été corrompu deux fois dans fa fource. Tous ces motifs étoient bien pro-pres à éloigner une femme de tout commerce avec un mari & à la jetter dans l'intrigue. Un jeune cœur a befoin d'aliment. Jufques-là on l'excufe. Quelque tems après, fon mari fait une banqueroute confidé-rable. Comme il n'étoit alors occupé que d'intérêt, il la laiffoit affez fouvent à elle-même & fe contentoit de faire retomber fur elle les défagrémens qu'il éprou-voit dans l'arrangement de fes affaires & dans la pourfuite d'un procès criminel au fujet d'argent tra-vaillé qui n'étoit pas au titre. Sa femme fupportoit fouvent les plus violens outrages. Il le falloit pour continuer fes intrigues amoureufes. Un jour elle écri-voit à fon amant, fubftitut de la cour des aides, le mari s'en apperçoit, ne fait femblant de rien & fort. La lettre eft donnée à un commiffionnaire ; le mari la retire de fes mains en l'intéreffant un peu. Il revient, maltraite fa femme & la menace du couvent. Elle apprend qu'il fe fert de cette piece pour exécuter fon deffein qu'il méditoit même auparavant, va confulter fon amant & lui confie que fon mari fe fert de faux poinçons. Auffitôt il fut décidé qu'on le dénonceroit. La femme fans réfléchir aux fuites, étant arrivée chez elle, fait avertir les gardes - jurés de la monnoie, après leur avoir écrit que fon mari avoit des faux poinçons qu'on trouveroit dans un en droit qu'elle leur

défignoit. On vient chez lui, on vifite, on trouve les
poinçons. Il eft conduit en prifon. Il n'y eft pas plutôt
qu'on apperçoit le danger qui pouvoit en réfulter pour
la femme, le déshonneur pour lui & par conféquent
pour elle auffi. Comme elle eft jolie, on efpere que
fon fort intéreffera & on devine le prix qu'on mettra
à la grace. Pour elle, on ne doute pas qu'elle y con-
fente, pourvu qu'elle ne voie plus fon mari en ce
monde. Elle efpere obtenir fa grace & un ordre qui
le renfermera pour le refte de fes jours. On eft d'autant
plus porté à le croire que les chofes en font reftées là
& que la procédure va très-lentement. Cela n'eft pas
difficile à imaginer, puifqu'elle étoit l'amante d'un
des premiers de fes juges & de fes rapporteurs, &
qu'il a un porte-feuille bien garni, qu'on a refufé de
rendre au mari *parce qu'il faut que la femme retrouve
fon bien.*

Un M. *Ger....* avoit époufé une Demoifelle,
boiteufe, mais qu'il lui avoit fait une donnation de
100,000 liv. & apporté une dot d'autant, fans fes
efpérances. Avant le mariage, il ne ceffoit de dire à fes
amis, qu'il n'en vouloit & qu'il ne l'époufoit que pour
fes écus. Après & au repas de nôces il ne ceffoit de
la tourner en ridicule & de la railler fur fa taille.
A minuit, quand on le preffe de fe retirer, il répond :
Allons, il faut encore faire ce facrifice. Le lendemain
matin la mere de la mariée apperçoit un matelas tout
mouillé, que fa fille mettoit fécher au foleil. Elle lui
en demanda la raifon. — C'eft lui. — Qui lui ? — Eh,
le mari que vous m'avez donné. — Que veux-tu
dire ?... La jeune perfonne honteufe n'ofe avouer
ce qui s'eft paffé. — Ofera-t-on le dire ?... Il avoit
piffé fur elle au lieu de.... C'étoit affez pour elle,
lui avoit-il dit ? En l'amenant de *Clermont* en

Beauvoifis

Beauvoifis à *Villefranche*, c'eft-à-dire, de chez ellé
chez lui, il la force de defcendre de voiture par des
propos indécens & outrageans. Il ne ceffe de l'appeller
puante, *laide*, *guenon*. A l'entrée de la ville, il fe
couvre le vifage de fon mouchoir, afin qu'on ne
voie pas que c'eft lui. En public, dans les fociétés,
il appelle fa femme *puante*, *laide*, *guenon*, & dit
qu'il ne l'a époufée que pour fon bien; ces propos,
il les tient en préfence de fa femme. On avouera
que ce mépris eft extrême. On n'y tient pas; fa famille
l'a follicitée de fe féparer de lui. Elle a plaidé, gagné
fa caufe, & la donation a été déclarée nulle. Selon
plufieurs perfonnes, le mari n'eft pas affez puni. Si
toutes les demandes en féparation étoient auffi juftes
que l'eft celle-ci, leurs morales feroient inutiles. Mais
pour une demande légitime, il y en a dix d'hafardées,
& fi l'on ofoit le dire, tout autant de mal jugées. On
ne peut trop répéter ce fait, pour couvrir de honte
un homme indigne de vivre dans une fociété honnête,
& capable de pareils procédés. M. *Martineau* a
défendu la caufe de la femme.

Un Plaifant de la Cour s'eft beaucoup amufé à une
proceffion des Cordons bleus, aux dépens d'un Provinciale qu'il faut fuppofer bien crédule. Il apperçut
cet homme dans la foule & le reconnut à fon admiration ftupide, pour une victime du ridicule. Il s'en
approcha. — Monfieur ne connoît pas Verfailles, à
ce qu'il me paroît? — *Le Provincial:* Non, Monfieur,
— *Le Plaifant:* Et par conféquent la Cour? — *Le
Provincial:* Pas davantage. Ayez la bonté, Monfieur,
de me dire quel eft ce vieux Seigneur qui marche
encore fi droit? (c'étoit le vieux *Richelieu.*) — *Le
Plaifant:* ç'eft le Vicomte de *Turenne.* — *Le Provincal:*
Je le croyois mort. — *Le Plaifant:* On le croit, en

Province. — *Le Provincial :* Et ce vieux Cardinal ?
— *Le Plaisant:* Mazarin, qu'on dit mort aussi, pour
des raisons que je vous raconterai. *Le Provincial:*
Et cette Dame si cassée. (c'étoit la vieille *Bassom-*
pierre.) — *Le Plaisant:* Celle-là est la feue Reine...
On a conté cette scene au Roi qui s'en est singulière-
ment amusé.

Un Menuisier alla trouver un jour M. *le Rey de*
Chaumont, hôte glorieux du Ministre des Améri-
cains. ,, Monsieur, je suis du sang de *Franklin ;*
,, je veux être reconnu, tachez qu'il soit mon parent.
,, — Avez-vous des titres ? lui dit M. *de Chaumont:*
,, Oui, Monsieur, voilà mes papiers ,, Le Financier y jette un coup d'œil & voit que le nom du
Menuisier s'écrivoit *Franquelin.* ,, Monsieur, lui dit-il,
,, quand avec votre Q, vous pourrez faire un K, vos
,, papiers vous serviront. ,,

Un Abbé, libertin de profession, très - constant
compagnon de plaisir du Marquis de *V.,* s'avisa derniérement de vouloir rire aux dépens de quatre *drô-*
lesses qui sont à la suite de la légion de la *Gourdan,*
& à qui il en vouloit. En arrivant au Vauxhall, il
s'entendit aisément avec des *Roués* de la bonne classe,
de sa connoissance pour répandre le bruit que le Marquis étoit de retour de la veille (de sa terre) & qu'il
étoit dans le Vauxhall. Voilà nos filles *en l'air,* qui
demandent s'il a ramené sa femme — *Non, elle est*
restée là bas. — *Bon !* (la bonne bourde !) Enfin
l'Abbé dit aux quatre élues, qui sont *des plus dans*
le genre, que le Marquis l'a chargé de les inviter à
souper. (C'étoit l'ordinaire, tous les jours de vauxhall, avant le mariage de ce Marquis.) Ainsi, leur
dit-il, après le vauxhall, vous monterez dans vos
voitures, & vous vous y rendrez.... La *Urbain,* la

petite *Beze*, la *Martin*, la *Chouchou*, toutes coquines de la même force, y font bientôt montées ; & fouette cocher, (elles indiquent peu exactement.) Les che-vaux les emportent, & la voiture s'arrête à l'hôtel du Marquis de *N.* Les valets frappent ; on ouvre. Les femmes (filles) demandent tout uniment au fuiſſe : le Marquis y eſt-il ? — Oui, Meſdames, peu accoutumé à ces fortes de vifites, il les prenoit pour des femmes de qualité qu'on attendoit pour fouper.) Elles montent comme des folles, traverſant les appar-temens en chantant à haute voix : *De l'amour tout ſubit les loix* ; & arrivées au falon donnent, en criant, *Eh Marquis*, un grand coup de pied dans la porte qui s'ouvre, & qui laiſſe voir à une compagnie très-honorable & très-nombreuſe, un groupe de quatre coquines qui s'appercevant bientôt de la méprife, reſtent fottes comme des paniers. *Mille pardons, Meſſieurs, Meſdames*, d'une voix entrecoupée ; *nous croyons être chez le Marquis de* V. La Marquife de *N.* ne favoit, comme dit le proverbe, à quelle fauce manger le poifon, parce que fon mari affectoit de les combler d'honnêtetés, pour jouir encore mieux de leur embarras. Enfin elles prennent le parti de fe congédier elles-mêmes, & retournent chacune chez elles, l'eſtomac vuide & le cœur gros. Cette aventure qui fe répandit le lendemain, fit beaucoup rire. Mais l'Abbé n'ofe plus retourner au vauxhall, où les quatre fripponnes ont complotté de lui arracher les yeux.

Le vieux proverbe, *la corde ne perd jamais fes droits*, devroit être fans ceſſe devant les yeux de tout homme, tenté de commettre un mauvais coup : car, en effet, il en eſt peu dont l'authenticité foit établie par des témoignages auſſi frappans & plus multipliés. Un Particulier de la rue *S. André des arts*, vient d'en donner un nouvel & triste exemple. Il avoit fait, il y a quelques années, un vol, avec un camarade. Depuis ce tems il s'étoit marié & avoit formé l'établissement d'un petit commerce. Il se croyoit tranquille, & se livroit à l'esperance de se souftraire au supplice attaché à sa faute; mais la fatalité le tenoit à son fil, & bientôt il devoit en être la victime. Son complice, ayant fait un retour sur lui-même, trouvoit dans sa conscience un reproche perpétuel. Il eut recours aux avis d'un Prêtre, auquel il se confessa: son conseil fut le seul qu'il put donner, celui de la *restitution*; mais il n'étoit point assez riche pour s'en acquiter seul; il fallut donc engager son camarade à y contribuer au prorata de sa portion, ce qu'il refusa. D'après une telle tentative, il lui déclara qu'il ne pourroit s'empêcher de le faire connoître s'il persistait à conserver son vol. Cette menace produisit un terrible effet dans l'esprit de son ancien camarade; ce fut la résolution d'assassiner un homme qui pouvoit le perdre. La veille de la Pentecôte, il se rendit chez lui, & l'assomma à coups de hache. Le malheureux survécut à ses blessures; & fut transporté à l'hôtel-Dieu. L'autre s'engagea dans les Dragons, & fut aussitôt rejoindre son régiment à *Valenciennes*. On ignoroit le lieu de sa retraite, mais l'imprudence de sa femme le décéla bientôt, en laissant appercevoir à des *mouchards* qui l'entouroient sans cesse, le timbre d'une lettre qu'elle avoit reçue de son mari. Son procès étant d'avance instruit, il n'est resté que quarante-huit heures en prison, d'où il est sorti pour être rompu vif. L'autre étoit mort la veille du supplice.

Un grand Seigneur s'étoit entretenu dans un souper chez lui, des assassinats que les ennemis de M. *Le Noir* prétendoient fréquens dans Paris, & avoit dit des choses fort vives sur la négligence prétendue du Lieutenant de Police. M. *Le Noir* le pria le lendemain de passer chez lui & lui répéta les propos qu'il avoit tenus la vieille. Le Seigneur étonné ne pouvoit concevoir comment le Magistrat en avoit pu être informé. *Vous voyez*, lui dit M. Le Noir, *qu'on vous a trompé & que la Police n'est pas si mal faite qu'on vous l'a dit.* Il arriva de-là que ce Seigneur dit par-tout le plus grand bien du Lieutenant de Police.

Un bel esprit, plus connu par sa mordante causticité que par l'excellence de ses talens, le sieur *Palissot*, avoit fait contre l'Abbé de *Voisenon* une satyre pleine de fiel. Avant de la livrer à l'impression, il vouloit savoir ce qu'en penseroit l'Abbé de *Voisenon* lui-même, & juger de l'effet qu'elle produiroit sur lui. Il alla voir un jour l'Abbé & lui dit d'un ton le plus patelin & le plus hypocrite, qu'il y avoit de bien méchantes gens dans le monde, qu'il venoit de lui tomber entre les mains une satyre atroce, qu'il en ignoroit l'auteur & que, quoiqu'on eut laissé en blanc le nom de celui contre qui elle étoit faite, il s'y trouvoit des traits qui paroissoient porter directement sur l'Abbé. Je vous dirai plus, ajoute-t-il; comme on ignore sans doute notre liaison, on a voulu avant de la faire imprimer, la soumettre à ma critique. Sans se le faire demander, l'homme caustique tire l'écrit de sa poche & lit effrontement des vers où les mœurs de l'Abbé n'étoient pas plus ménagées que son esprit : il ne lui fit pas grace d'un vers, appuyant avec complaisance sur ce qu'il y avoit de plus fort. L'Abbé de *Voisenon* l'écouta tranquillement jusqu'à la fin. Après la lecture, l'Abbé reprit l'ouvrage, fit l'éloge des meilleurs vers, critiqua quelques expressions & dit au Poëte: voulez-vous me permettre d'y faire quelques corrections ? le Poëte crut que tout au moins l'Abbé alloit jetter le papier au feu : mais celui-ci s'approche de son bureau, corrige une douzaine de vers, remplit le blanc de son nom ; & toujours avec le même flegme, en rendant la satyre à l'auteur qui ne se doutoit point que l'Abbé l'eût reconnu : à présent, mon ami, dit-il ; je crois que vous pouvez faire imprimer cet ouvrage ; il y avoit quelques incorrections qui auroient pu lui faire tort ; il est rempli de sel & d'esprit, & je crois qu'il sera favorablement reçu du public. Le Poëte fut si frappé de ce sang froid qu'il déchira son écrit, le brûla, embrassa l'Abbé, & lui protesta qu'il étoit pour toujours de la démangeaison de faire des satyres. On sait comme depuis il a tenu parole.

Un certain Abbé *Paris* auquel le Marquis de *Prie* avoit accordé la plus grande confiance pour des affaires pécuniaires, a disparu. Cet Abbé avoit fait des spéculations assez bien combinée, mais qui a été déconcertée par la demande imprévue qu'on lui a faite de ses comptes. Il avoit placé en rentes viageres sur sa tête, une somme de cinquante mille écus, des deniers de M. le Marquis de *Prie* & avec les arrérages de ces rentes il éteignoit des dettes de son commettant, en composant avec les créanciers, à moitié ou deux tiers de perte, & en se faisant donner quittance du capital. Par ce moyen si on l'avoit laissé faire, il se seroit acquitté en deux ou trois ans ; malheureusement le secret de ces opérations a été éventé, l'Abbé a été décrété & a pris la fuite. Il faudra toujours en venir à lui pardonner ou du moins à convenir avec lui, car sans doute il ne sera pas aisé sans cela, d'avoir de lui de certificats de vie, & ses rentes viageres font la plus sûre ressource de ces créanciers.

Une Dame vient un jour demander à Mademoiselle *Bertin*, marchande de modes de la Reine, plusieurs bonnets pour les envoyer en Province. La marchande couchée sur une chaise longue dans un *Caraco* élégant, daigne à peine saluer la Dame par une très-légere inclination de tête. Elle sonne : une jeune nimphe charmante qu'on nomme Mademoiselle *Adelaïde*, se présente. *Donnez à Madame*, dit Mademoiselle Bertin, *des bonnets d'un mois*. La Dame lui représente qu'on en voudroit de plus nouveaux. *Cela n'est pas possible, Madame*, reprend la marchande; *dans mon dernier travail avec la Reine, nous avons arrêté que les bonnets les plus modernes ne paroîtroient pas avant huit jours*. Depuis ce tems, on n'appelle plus la Demoiselle *Bertin* que le ministre des modes.

Il est défendu en Angleterre d'ensevelir aucun cadavre que des hommes de l'art ne le visitent & ne certifient que le fer ou le poison n'a point abrégé ses jours : voici l'anecdote qui a donné lieu à ce réglement.

Une belle Marchande de Londres avoit pris succes-sivement six maris. Le premier par obéissance pour ses parens; les cinq autres par son propre choix. Un Anglois fut assez hardi pour l'épouser en septiemes noces. Les premiers mois de leur nouveau mariage n'eut rien que d'agréable. Un amour exessif rend aisé-ment une femme indiscrete : celle-ci faisoit dans les bras de son septieme époux, la satyre des six qui l'avoient précédé; ils lui avoient déplu, disoit-elle, par leur ivrognerie ou par leurs infidélités; & jamais elle ne les avoit pleurés ou regrettés sincére-ment. Le mari curieux d'apprendre le caractere de son amoureuse moitié, affecte de s'absenter souvent & de paroître ivre toutes les fois qu'il rentroit tard chez lui. D'abord on ne lui fit que des reproches : mais bientôt les menaces fuccéderent aux repréfentations ; il continua fon train, & feignit d'être encore plus adonné au vin. Un foir qu'elle le crut ivre mort & bien endormi, elle détacha un plomb de la manche de fa robe, le fit fondre & s'approcha du faux dormeur pour lui verfer dans l'oreille, à l'aide d'une pipe, le métal en fufion. Le mari ne doutant plus de la fcélératefse de cette femme, l'arrêta, cria au fecours & fit venir la juftice. La criminelle fut mife en prifon ; fon procès fut inftruit. Les fix cadavres exhumés dépoferent contre elle & la firent condamner à mort.

Les maris ne font pas toujours les malheureufes victimes de l'amour : c'eft le réfultat qu'on peut tirer d'une petite hiftoire arrivée à la femme d'un Perruquier. C'étoit dans les-derniers momens du miniftere de M. de la *Vrilliere.* Cette femme avoit fçu obtenir par le crédit de fon amant qui occupoit une place affez confidérable dans l'Eglife, une lettre de cachet contre fon mari. On devoit venir le prendre dans fon lit; l'Infpecteur de Police chargé de l'ordre du Roi, connoiffoit le Perruquier; il l'avertit du coup qu'on lui préparoit. Le mari adroit feint un voyage de deux jours ; l'Officier de Police paroît à l'heure indiquée au milieu de la nuit, fait grand bruit à la porte, on lui ouvre, il demande Monfieur un tel; la Dame répond qu'il n'y eft point. — Oh ! il doit y être, reprend l'Infpecteur. Obftination de la part de l'époufe à dire que fon mari n'étoit point à la maifon, obftination de la part de l'Officier à vouloir abfolument qu'il y foit; il fait plus, il joint l'effet aux paroles, il va à la chambre à coucher malgré Madame, ouvre les rideaux du lit. — Allons, Monfieur, levez-vous, c'eſt de par le Roi ; on ne répondoit point ; on apporte de la lumiere, on trouve un homme fort déconcerté qui à la vérité n'étoit pas le mari de la Dame, mais l'objet de ſes affections & pour l'amour duquel on vouloit ſe défaire du mari. On le ſaiſit, il a beau dire qu'il n'eſt pas Monſieur un tel, qu'on ſe méprend. --- Il n'eſt pas poſſible, Monſieur, l'impoſture eſt trop groſſiere, Madame eſt d'une vertu qui nous répond que ce ne peut être que ſon mari qui partage ſa couche. Malgré les repréſentations & les cris des deux amans, on conduit en priſon le prétendu Perruquier qu'on avoit de force revêtu de l'habit de poudre de l'homme dont il tenoit la place ; on peut juger qui dût rire ; ce fut le véritable amphitrion, le pauvre mari qui par ce moyen fut vengé, & de ſa femme & de ſon rival. Le détenu confeſſa enſuite ſon aventure & obtint ſa liberté après quelques mois de priſon.

On a renouvellé, il y a quelques tems, les ordonnances contre les filles de joie &, la rigueur avec laquelle on les exécutoit d'abord, excita quelque fermentation. On arrêtoit ces malheureuſes juſques dans leurs repaires, dans les rues & ſur les quais & ponts de cette Capitale : on pouſſoit même la *barbarie* au point de les prendre à la ſortie des ſpectacles du Boulevard ; le tout ſans diſtinction de rang. On les conduiſoit chez le Commiſſaire du quartier qui leur faiſoit raſer la tête en ſa préſence, & on les menoit de-là à l'hôpital nommé la Salpétriere. On reſpectoit ſeulement celles qui étoient aſſez opulentes pour avoir au moins *la voiture au mois*. On rapporte à ce ſujet une aventure aſſez plaiſante arrivée à la Marquiſe de *St*..... qui demeure ſur les Boulevards du temple, & dont l'hôtel eſt un des rendez-vous les plus fréquentés des *amateurs*. Cette Dame, ci-devant Mademoiſelle *M*.,

fille d'un Limonadier, puis danfeufe, puis entretenue, puis auteur, puis Marquife enfin, s'est ingérée
de venger *l'honneur du Corps*. Pour cet effet, comme
elle fe promenoit le foir à pied fur le Boulevard avec
tout l'attirail de l'élégance de ces Dames, elle a
défendu à fon laquais de la fuivre, & lui a recom-
mandée de marcher affez loin d'elle, pour qu'elle
pût donner lieu à une méprife. Ce qu'elle defiroit est
arrivé, & voilà la Marquife conduite chez le Commiffaire, prête à être rafée. On l'interroge : Allons,
dit l'homme noir qui fortoit de table, ton nom, ta
demeure, & ne barguigne pas. ---(la Marquife a
de l'efprit) Ah! M. le Commiffaire, vous êtes bien
dur au pauvre monde! --- Tu plaifantes, je crois.
--- Non, M. le Commiffaire; mais mon nom... Dif-
penfez-moi! --- Comment, que je te difpenfe? mais
je crois qu'elle fe mocque de moi! Allons; rafez-moi
vîte cette drôleffe. --- On alloit exécuter l'ordre,
lorfque la Marquife s'étant fait connoître, a fini cette
fcene par recommander au Magiftrat fubalterne un
peu plus de difcernement, de circonfpection & de
douceur dans l'exercice de fon miniftere.

Madame la Maréchale *D** s'intéreffoit pour de
pauvres gens auxquels il étoit queftion de faire avoir
un entrepôt de fel & de tabac qui dépendoit de
*M*** , Fermier général. Elle attendoit depuis deux
heures dans l'antichambre du traitant, qui étoit remplie de laquais. Le Duc de *Nivernois* qui étoit à parler
à l'homme de finance, fortant de fon cabinet, témoi-
gna fa furprife à la Maréchale de la voir attendre
en fi mauvaife compagnie : Oh, lui dit-elle, je fuis
bien ici, je ne crains pas ces Meffieurs, tant qu'ils
font encore Laquais. Il faut favoir que le pere du
Fermier général l'avoit été.

La guerre ôte aux Courtifannes, les Anglois & les Militaires; les Financiers avoient bien d'autres affaires que de penfer à elles, il ne leur reftoit pendant ce tems que les Robins. Malheureufement la prodigalité n'eft pas le vice de ceux-ci. Une de nos Actrices qui fouffroit plus que tout autre de la difette s'eft avifée d'un expédient affez ingénieux. Elle avoit choifi pour fa duppe un de nos millionaires. Elle prend un carroffe drapé, deux grands laquais, & fe donne pour une Comteffe de Province qui vient vifiter fon cher coufin M. *Harpagon*. Le Richard qui étoit un homme de la fange, trefaille d'aife d'être avoué par une femme de qualité : l'intriguante avoit des notions fur la famille du prétendu parent. On entre dans des détails, dans des éclairciffemens; mon cher coufin par-ci, mon cher coufin par-là; la coufine étoit tous les jours dans la maifon de Plutus; enfin elle parvient à lui faire un emprunt confidérable, elle engage le fot à venir chez elle prendre des arrangemens; mon vilain qui étoit auffi avare qu'entété de nobleffe vole au rendez-vous. Quand il eft néceffaire de dénouer la farce, la Dame dit avec toutes les graces connues fur la fcene : --- Mon coufin, c'eft affez long-tems jouer la comédie, embraffez votre coufine, & de bon cœur : elle n'a pas l'honneur de dater d'une antique nobleffe, encore moins de vous appartenir, mais elle brûle de vous témoigner fa reconnoiffance : c'eft ainfi qu'une actrice s'acquitte : il faut que nous foupions enfemble, & je vous payerai cette nuit vos contrats en bons effets de Cythere. Le Richard ouvre les yeux, il veut faire le méchant.... Point de bruit, mon cher, vous aurez du plaifir pour votre argent. *Harpagon* vit qu'il falloit en paffer par cette efpiéglerie, & en galant homme il fe réfigna.

La femme de l'Académicien *Marmontel* a mis au monde un enfant mort à fa premiere couche. Les mauvais plaifans ont dit que cet auteur ne peut rien faire qui vive.

Plufieurs Savans fe trouvoient réunis chez M. *Duclos.* On y célébroit le génie encyclopédique de l'auteur de la Henriade. Oui, dit d'abord un Jùrif-confulte, cela n'eft pas douteux, M. de *Voltaire* eft également verfé dans la poéfie, l'hiftoire, la phyfi-que, les belles-lettres, les mathématiques, la méde-cine, l'hiftoire naturelle &c. C'eft dommage qu'il foit un peu foible fur la jurifprudence : oh ! il faut conve-nir qu'il n'y entend pas grand'chofe : mais c'eft une bagatelle, & cela n'empêche pas qu'on ne puiffe dire qu'il eft univerfel. Un mathématicien regrette enfuite qu'il ait voulu s'effayer dans les mathématiques ; un hiftorien, qu'il ait écrit l'hiftoire, un médecin qu'il ait parlé de médecine, un théologien de matieres théologiques &c. ; & le refrein de chacun eft toujours, que dans les genres étrangers à celui qui parle, M. de *Voltaire* eft un *génie univerfel*. A la fin, on fe regarde les uns les autres ; on fe met à rire & M. *Duclos* fecommande le fecret à tous les affiftans.

Un homme qui avoit paffé fa vie & dépenfé une partie de fa fortune à former une riche & curieufe collection de médailles eft mort à *Marfeille.* Son héritier, Apothicaire qui ne connoiffoit rien hors la caffe & le fené, a trouvé fort fingulier que fon cher Parent ait raffemblé une fi grande quantité de liards n'ayant plus de cours : il a fait fondre tout ce cuivre & il en eft réfulté un fuperbe mortier qui décore beaucoup plus ùtilement fa boutique.

Deux Soldats du régiment des Gardes ſe battoient avec une égale fureur; on les ſépare, le guet approchoit, le peuple croit les devoir lâcher pour qu'ils puiſſent ſe ſouſtraire par la fuite à la peine qui leur étoit préparée : les Soldats de concert, quoique bleſſés tous deux, prenant chacun leur ſabre dans les dents, ſe jettent à la nage, traverſent la riviere, & à peine arrivés à l'autre bord recommencent le combat. L'un des deux eſt reſté ſur la place. On ignore le ſujet de la querelle; s'il eſt légitime, il faut avouer que cet exemple eſt bien propre à prouver que nous n'avons pas entiérement dégénéré de la valeur de nos ancêtres.

La *Montenſier*, directrice de la comédie de Verſailles avoit fait nombre d'impertinences; un ordre du Roi eſt venu la claquemurer dans une priſon : la premiere choſe qui lui eſt échappée lorſqu'elle s'eſt vue renfermer. ,, N'aurai-je aucune ſociété, a-t-elle ,, dit, & le roi ordonne-t-il abſolument que je ,, couche ſeule? ,, Le Roi a été le premier à rire de cette ſaillie effrontée, les Miniſtres en ont ri auſſi, mais ils ont cru devoir venger le reſpect dû à la Majeſté, en retenant quelque tems priſonniere la lubrique comédienne; elle a pourtant obtenu ſa grace & eſt revenue à ſa place de Directrice.

Un Parvenu qui n'étoit jamais monté en voiture que dans la charette qui l'avoit amené à Paris, fit une aſſez groſſe fortune dans une affaire de finance. Ses jambes ſi robuſtes juſqu'alors, ne peuvent plus ſupporter la fatigue des longues courſes de la capitale. Il lui faut un carroſſe; le plus fameux ſellier eſt appellé. — Monſieur, je veux une voiture dans le plus nouveau goût: quelle couleur, Monſieur ? --- La plus nouvelle..... A chaque queſtion du ſellier, toujours la même réponſe. --- Tout ce qu'il y a de plus nouveau, continue à répondre le parvenu, qu'on n'appelle plus maintenant que Monsieur *tout nouveau.*

Une circonstance fort singuliere a rendu plus plaisante encore la premiere représentation d'une piece fort gaie qui a été mise sur le théâtre de *Nicolet.* Cette piece est intitulée : *Le titre ne me revient pas,* & son principal objet est de déchirer impitoyablement quelques états de la société, que les auteurs dramatiques font en possession de tourner en ridicule. Une femme qui avoit vu une répétition de cette espece de *farce,* y mena un grave procureur de qui elle vouloit tirer une petite vengeance, & qui par événement y joua un rôle sans le savoir. Elle le fit asseoir à côté d'un homme vêtu en noir, & coëffé d'une perruque conforme au costume du palais, que le procureur prit pour un confrere & qui n'étoit autre qu'un acteur placé là *ad hoc.* Les deux voisins firent bientôt connoissance & lierent conversation pendant le premier acte où les procureurs sont accommodés de toutes pieces. Au moment où son rôle l'exigeoit, le faux procureur se leve avec un air de fureur, en criant à l'acteur qui étoit sur la scene, qu'*il étoit impudent d'apostropher aussi malhonnêtement une classe de Citoyens estimables tels qu'étoient les Procureurs*, &c. Le véritable suppôt de Thémis, entiérement la duppe de ce faux zele, tire son prétendu confrere par la manche en le suppliant de ne pas faire d'éclat & lui dit tout bas : *Croyez-moi, Monsieur, laissez cela là :* L'acteur saisissant adroitement la circonstance se retourne d'un air d'humeur en lui repliquant à haute voix : *Vous croyez, Monsieur, qu'il faut laisser cela là, & moi je pense le contraire ;* pendant qu'il continuoit sa tirade aux acteurs, notre procureur se démenoit d'une maniere étrange, & le feul peut-être qui ne fut pas dans le fecret, donnoit à rire à toute la falle par les efforts qu'il faifoit pour arrêter fon tumultueux voifin & empêcher qu'il ne fît une efclandre. Enfin il ne fut défabufé que lorfqu'après une fcene contre les meuniers, il parut à l'ouverture de la voute au milieu de la falle, un acteur habille en meunier qui joua un rôle femblable à celui du faux procureur.

Le guet accourt un jour fur les cris : *Au voleur, au voleur,* dont retentiffoit une petite rue. *Le voilà, ce Coquin,* dit une efpece d'ouvrier ivre, *arrété-le.* On cherche par tout & l'on ne trouve perfonne : on lui demande à quel endroit --- Eh là, dit-il en montrant l'ombre d'une borne occafioné par un réverbere. Le fergent qui s'apperçut de la méprife, dit avec ce ton poli qui lui eft ordinaire : *Vilain fac à vin, allez-vous coucher chez vous. Vous mériteriez qu'on vous fît coucher au châtelet.* --- *De quoi te plains-tu, eh, Monfieur le foldat?* dit l'homme ivre; *eh bien il n'y a pas grand mal à tout cela. Eft-ce qu'il n'eft pas permis à un Bourgeois de Paris d'avoir peur?*

La Veuve d'un Officier qui avoit ramaffé avec beaucoup de foins & de dépenfes une grande quantité de titres intéreffans, a vendu cette collection au Roi moyennant une penfion annuelle. Les arrangemens de M. le Directeur général des finances ont reculé d'une année le paiement de cette penfion. La malheureufe Veuve fe trouvant dans le plus grand embarras, avoit inutilement effayé d'obtenir une exception en fa faveur. On lui a confeillé d'écrire une lettre touchante à Madame *Necker;* elle en a reçu cette réponfe. ,, Je fuis au défefpoir, Madame, ,, de ne pouvoir vous être utile. Dès le moment

„ que mon mari a été honoré de la confiance du
„ Roi, il a exigé de moi, que je ne le follicitaſſe
„ jamais pour perſonne. Je m'étois juſqu'à préſent
„ ſoumis à cette loi, en applaudiſſant au motif qui
„ l'avoit dictée; elle me paroît trop dure depuis que
„ j'ai reçu votre lettre, & je regrette infiniment qu'il
„ ne me ſoit pas permis de me joindre à vous, pour
„ obtenir ce que vous defirez. „ Le lendemain, la
Veuve reçoit un lettre de M. *Necker* où il annonce
que pour la dédommager du retard de paiement de
ſa penſion, le Roi lui accorde une gratification égale
à l'année qui reſte en arriere.

L'Intendant de*** s'eſt aviſé d'envoyer chercher
un Capitaine de Dragons qui parloit dans les lieux
publics, du gouvernement & ſur-tout de M. l'Intendant, avec une liberté tout à fait républicaine.
L'Officier après bien des difficultés ſe détermina à ſe
rendre à l'audience de M. l'Intendant. Du plus loin
que celui-ci le vit, il lui cria avec inſolence devant
tout le monde : *Ah, ah! Monſieur, c'eſt donc vous
qui prétendez donner des loix aux Magiſtrats, au
Souverain, aux Miniſtres; qui faites le bel eſprit
dans les caffés!* — *Moi,* dit l'Officier, *moi, bel
eſprit? pas plus que vous, le diable m'emporte.*
Il lui tourna ſur le champ les talons & toute
l'audience eut bien de la peine à ne pas éclater
de rire.

Dans l'une de nos grandes villes de Province où
ce ſont les Officiers Municipaux qui tiennent la
police du ſpectacle, un de ces Meſſieurs manda un
jour un muſicien & lui fit des reproches ſur ſa
négligence. Le pauvre diable lui demanda avec timidité quels étoient les griefs qu'il avoit contre lui,
ou ſi on lui avoit porté des plaintes. --- Oh! je n'ai
beſoin

befoin de perfonne, Monfieur, j'ai deux yeux, & je vois bien que vous vous repofez la moitié du tems pendant que les autres violons jouent. --- Mais je ne joue pas du violon, Monfieur. --- Vous mentez, je vous en ai vu un. --- Je vous demande pardon, je joue de la quinte. --- De la quinte ! de la quinte ! Ne faites pas l'infolent, croyez-moi, & qu'il ne vous arrive plus de refter les bras croifés quand les autres jouent, comme vous avez fait hier dans l'Opéra. --- Ah ! Monfieur, je comptois mes paufes. --- Qu'eft-ce que c'eft, Monfieur, compter des paufes, conter des gaudrioles ! --- Mais non, Monfieur, il y avoit un *tacet allegro !* Je crois que vous me tenez des propos ; en prifon. --- Mais, Monfieur. --- En prifon vous dis-je ! Ah ! je vous apprendrai à vous mocquer d'un homme en place.

Un Capitoul affiftoit à une repréfentation des *Femmes vengées*, opéra-comique un peu licentieux que le parterre recommanda à l'acteur qui venoit annoncer. L'Officier municipal s'oppofa à ce qu'on donnât une feconde fois cette piece *indécente*. L'acteur revint annoncer *Beverley*, piece *en vers libres* de M. *Saurin. Comment*, s'écria le vertueux Capitoul, *encore une piece de vers libres, tandis que c'eft pour cela que je vous interdis les Femmes vengées ! Relâche au théâtre pour huit jours.*

Un Vieillard allant faire une vifite, tombe en apoplexie dans le fiacre qui le conduifoit. Le cocher arrivé à l'endroit qui lui avoit été indiqué, appelle inutilement fon bourgeois ; il s'apperçoit de l'état où il eft & crie au fecours ; une grande affluence de gens inutiles entoure bientôt la voiture felon l'ufage. Un des fpectateurs après avoir fixé le malade s'élance fur lui en pouffant des fanglots & en s'écriant que ç'étoit son pere. *Cocher*, dit-il en montant avec vivacité dans le carrosse, *je te payerai bien, mene-moi ventre à terre au logis de mon pere, pour que je lui fasse donner les secours instans dont il a besoin....* Il lui nomme une rue fort éloignée. Arrivé à la destination, le cocher ne trouve plus que le mourant. Le fils prétendu, après l'avoir volé, s'étoit évadé dans un moment où la course avoit été ralentie par un embarras.

Un Particulier au parterre de l'Opéra, voulant regarder l'heure ne trouva point sa montre dans son gousset : il né douta pas qu'on ne lui eût volée sur le champ, & regardant fixement tout-près de lui un homme d'assez mauvaise mine, il lui dit : *Monsieur, rendez-moi ma montre ou je vous fais arrêter.* L'homme en question s'approche de lui dit tout bas : *Tenez, Monsieur, la voilà; ne me perdez pas.* Le Particulier de retour en sa maison est tout étonné de voir sa montre qu'il avoit oubliée à sa cheminée, & de s'en trouver une autre dans la poche.

On a écrit de *Marseille* le trait singulier que voici. Un Collecteur des taille envoye son fils porter de l'argent au Receveur, qui résidoit dans une ville voisine. Le jeune homme ne reparoît plus. Le Collecteur fait toutes les perquisitions possibles pour découvrir son fils, & c'est inutilement. Après un mois d'atteinte vaine, un de ses amis lui dit que le Curé savoit bien ce qu'étoit devenu le jeune homme ; il va trouver le Pasteur qui lui annonce seulement que son fils a été assassiné & volé, & que son cadavre est caché dans un bois sous des feuillages à tel endroit. Le pere s'informe quel est l'assassin : le Curé assure qu'il ne peut le déclarer. Le lendemain le Collecteur armé d'un piftolet menace le Curé de lui brûler la cervelle s'il ne lui nomme le meurtrier. Le Pafteur effrayé le nomme. La juftice inftruite de cet événement fait le procès au Curé, & le Parlement d'Aix le condamne à être brûlé pour avoir révélé des fecrets confiés fous le fceau de la confeffion ; &, ce qui paroitra le plus fingulier de cette affaire, c'eft que le meurtrier a été déchargé par le même arrêt de toute accufation & renyoyé abfous.

Un Ambaffadeur étranger entretenoit ici une fille charmante qui aux graces de la beauté réuniffoit toutes les qualités perfonnelles. L'Ambaffadeur étoit fort riche & fort amoureux ; & ce qui eft contre l'ufage, la nymphe n'abufoit ni de fon amour ni de fon opulence. Auffi il ne trouvoit d'heureux momens que ceux qu'il paffoit auprès d'elle. Un beau foir d'Eté, les planetes brilloient au ciel, & fur-tout celle de *Vénus* éclipfoit les autres par fon éclat. Ah mon Dieu ! dit la nymphe, que cette étoile eft brillante ! il n'y a point de diamans qui approche de cela. --- Ah ! ma chere amie, dit l'Ambaffadeur, je vous demande en grace, ne vantez pas tant cette étoile, je ne peux point vous la donner.

Un Gentilhomme allant à cheval, de *Blaye* à *Bordeaux*, fut attaqué par un homme mafqué qui lui demanda la bourfe, le piftolet à la main. Le Gentilhomme faifant femblant de chercher fa bourfe, prit un piftolet de poche & le tira contre le voleur, mais il manqua fon coup. Le voleur fit auffitôt un mouvement pour lui brûler la cervelle : mais il s'arrêta & demanda une feconde fois la bourfe au Gentilhomme qui la lui remit. Elle contenoit plus de foixante louis. Le voleur en prit douze & rendit le refte au Gentilhomme, en lui difant qu'il recevroit

de ses nouvelles avant trois mois , s'il vouloit lui dire
son nom & son adresse. Quelque tems après, le
Gentilhomme reçut un paquet contenant une boîte
d'or avec ce billet. „ Un honnête voleur qui vous a
„ pris douze louis, vous prie de recevoir cette
„ boîte. Vous avez voulu le tuer, & vous lui auriez
„ épargné un crime & bien des remords ; cependant
„ il ne méritoit point de périr ni par la main d'un
„ honnête homme ni par celle du boureau, & c'étoit
„ pour faire une action bien généreuse qu'il en
„ faisoit une si infâme. „

En Suede le pere d'un jeune homme âgé de quinze
ans avoit été condamné à perdre la vie pour avoir
prévariqué dans un poste important. Son fils n'en
fut pas plutôt informé qu'il alla se jetter aux pieds
du Juge & le conjura d'accepter l'offre qu'il faisoit
de mourir à la place de son pere. Le Magistrat ques-
tionna beaucoup le jeune homme pour savoir si
c'étoit de son propre mouvement qu'il parloit de la
sorte. Quand il se fut bien assuré de la sincérité de
ses sentimens, il en écrivit au Roi qui dépêcha un
courier pour apporter la grace du pere & un titre
d'honneur pour le fils : mais celui-ci refusa constamment cette distinction, disant que le titre dont il
seroit décoré rappelleroit sans cesse au public le
souvenir de la faute de son pere. Le Roi touché
jusqu'aux larmes d'un exemple d'amour filial porté si
loin voulut avoir à sa cour ce jeune homme. Il en prend
un soin particulier & l'a fait secretaire de son cabinet.
On assure que son mérite personnel soutenu par la
faveur du Roi peut le conduire très-loin.

Un Filou s'étoit introduit dans la chambre de
plusieurs clercs de Notaire qui étoient sortis : n'ayant
rien trouvé que du linge & des habits, il s'étoit

déterminé à les emporter *plutôt que de rentrer au logis les mains nettes.* En defcendant, comme il étoit parvenu au premier étage, le Notaire qui fortoit de fon appartement, demanda au voleur, en l'appercevant chargé d'habits, d'où il venoit. Celui-ci fans fe déconcerter, lui dit, qu'il étoit dégraiffeur & que Meffieurs fes clercs lui avoient donné leurs habits pour enlever les taches & les nettoyer. Quoi ! dit le Notaire, vous êtes dégraiffeur : venez donc avec moi voir un habit de velour tout neuf fur lequel un domeftique a répandu de l'huile. Le faux dégraiffeur affure le Notaire qu'il enleveroit cette tache de maniere qu'il n'y paroitroit pas ; il emporta l'habit de velours, que vraifemblablement le Notaire ne reverra jamais.

Un Particulier avoit coutume d'aller faire la quête chez les riches perfonnes de cette ville, pour les pauvres, & il ajoutoit prefque toujours à ces aumônes fouvent infuffifantes, vû le grand nombre des infortunés, plus de la moitié de fon revenu. Un jour, cet excellent homme s'étant adreffé à un riche de mauvaife humeur, en reçut au lieu d'argent, un foufflet affez violent : *Voilà pour moi,* reprit fans s'émouvoir le généreux folliciteur ; *maintenant, Monfieur, quelque chofe, je vous prie, pour les pauvres.* Et pour ajouter le dernier trait à ces deux portraits, il faut favoir que l'homme dur étoit un Fermier général, & que celui qui fouffrit fi charitablement cette brutalité, étoit un Confeiller au Parlement.

Un jeune Abbé, homme de qualité, avoit loué une loge à l'Opéra. Un Maréchal de France voulut avoir cette loge que l'Abbé refufa. Le Maréchal infifta & s'y prit fi bien que l'Abbé fut contraint de céder à la force. Pour avoir raifon de cette infulte, il attaqua le Maréchal au tribunal de la Connétablie & demanda la permiffion de plaider lui-même fa caufe, ce qu'il obtint. Il commença fon difcours par fe féliciter de l'honneur qu'il avoit de paroître devant une affemblée auffi illuftre; enfuite il exprima combien il étoit affligé d'avoir à fe plainde d'un des membres qui la compofoient: mais il ajouta qu'il les croyoit trop équitables pour ne pas lui faire avoir raifon de la violencé qu'il avoit éprouvée. En défignant alors chaque Maréchal de France par les actions mémorables qui les caractérifoient : Ce n'eft point, dit-il, M. le Maréchal un tel dont j'ai à me plaindre ; ce n'eft point M. le Maréchal de *Broglie* qui s'eft fi bien diftingué dans les dernieres guerres. Ce n'eft pas M. le Maréchal de *Clermont-tonnerre* qui a fait de fi belles retraites ; ce n'eft pas M. le Maréchal de *Contades* qui a remporté tant de victoires ; ce n'eft point M. le Maréchal de *Richelieu* qui a pris le Port-Mahon : celui dont j'ai à me plaindre n'a jamais rien pris que ma loge à l'Opéra. Le tribunal qui ne s'attendoit point à une pareille chute, décida que l'Abbé avoit raifon de fe plaindre, & qu'il étoit vengé par la tournure de fon plaidoyer.

Un *Monfieur* fe promenoit dans le bois de Boulogne avec plufieurs jolies femmes très-élégantes. Un homme les aborde en leur préfentant des cannes d'une nouvelles efpece & en leur demandant fi elles vouloient en acheter. C'étoit un gros bâton d'épine bien noueux furmonté d'une petite pomme d'yvoire. Le marchand dit que ce font des *cannes à la Barmécide*.. (*) On lui demande pourquoi ? --- Vous voyez bien, dit-il, cette pomme d'yvoire. Donnez-vous,

---

(*) Les *Barmécides*, tragédie de M. *de la Harpe*.

Mefdames, la peine de la tourner. Les Dames la déviffent & trouvent deffous un joli petit fifflet. Toute la compagnie eut bien de la peine de s'empécher de rire. Le *Monfieur* qui étoit là, ne rioit pas du tout : Devinez pourquoi ? c'étoit l'auteur des *Barmécides* lui-même.

Le Pape *Benoît* XIV, qui favoit allier les graces du monde avec la majefté de la Thiare, étoit d'un caractere naturellement gai. Son médecin étoit fouvent l'objet de fes plaifanteries : le Docteur *Lufini* (c'étoit fon nom) y donnoit lieu par une paffion pouffée à l'excès pour la Géographie. Il confommoit fon tems & fa fortune, à la recherche & à l'acquifition des Cartes rares & précieufes. Le S. Pere aimoit affez le Cardinal *Gaetano* qui étoit ainfi que le ferviteur des ferviteurs de Dieu, affligé d'une maladie fort incommode, dont le nom auroit fali la bouche deftinée à être l'organe de l'efprit faint. *Benoît* XIV avoit trouvé une expreffion qui lui fauvoit, lorfque le Cardinal venoit lui faire fa cour avec les autres Princes de l'Eglife, le défagrément de lui demander comment alloient fes hémorroïdes ; il lui parloit de fa *mappemonde* & perfonne n'avoit deviné le véritable objet de fa queftion. Il dit un jour à *Lufini* --- Docteur, vous croyez connoître toutes les Cartes fingulieres poffibles : votre Collection vous tourne la tête & vous imaginez avoir ce qu'il y a de plus curieux en ce genre ; eh bien, vous n'avez rien de comparable à la mappemonde que poffede le Cardinal *Gaetano*.... --- Eft-il poffible, répond le Médecin géographe, je ne favois pas que S. E. eût un goût femblable ? --- Oh, dit le Pape, le Cardinal n'a que cette mappemonde, mais c'eft bien la plus belle chofe à voir !.... allez fur

le champ chez lui & demandez-lui de ma part à
l'examiner; prenez garde fur-tout aux point cardi-
naux.... Le Docteur court chez l'Eminence & s'annonce au nom du Pape, en expliquant le motif de
fa vifite. Le Cardinal étoit dans un moment de fouf-
france. — Que Sa Sainteté eft bonne, s'écrie-t-il,
comment reconnoîtrai-je fon attention !..... L'Eminence s'arrange derriere fes rideaux, les fouleve
enfuite, & étale aux yeux de l'amateur de géographie,
la mappemonde la mieux fournie, la plus arrondie &
la plus finguliere.... Ce n'étoit pas là ce que le Docteur
italien s'attendoit à voir en ce moment; il refte muet
d'étonnement. Eh bien, Docteur, lui dit le Cardinal,
faites donc votre examen, & allez rendre compte à
Sa Sainteté, de l'état malheureux où je me trouve.
Ne manquez pas de lui préfenter en même tems,
ma vive reconnoiffance de fes bontés. *Lufini* n'en
veut pas voir davantage, il fent le tour qu'on lui
a joué & va furieux au palais du Pape lui en faire
des reproches.

Un jeune homme en bas blancs attendoit la fin
d'un orage fous le grand guichet du Louvre : un
homme affez mal mis, mais affublé d'une longue
épée arrive en courant. En paffant auprès de l'élégant, il l'éclabouffe & le couvre de boue. Celui-ci
témoigne de l'humeur; l'autre d'en rire : le jeune
homme aux bas blancs court fus, la canne levée:
le coupable s'arrête comptant quelques pieces de
monnoie : *Mon petit ami*, dit-il à fon adverfaire en
lui retenant le bras, *prenez votre mal en patience
& cet argent; j'ai bien cinq fols pour payer le blan-
chiffage de vos bas, mais je n'ai pas cent louis pour
m'enfuir quand je vous aurai tué.* Après ce difcours

il part de plus belle & l'on peut se figurer comme demeura sot celui qui restoit sur le champ de bataille.

Le Curé de *S. Eustache* se signaloit par des aumônes dans ces tems rigoureux où le froid augmentoit les besoins : une Dame à carrosse annoncée par deux laquais a paru chez le vénérable ecclésiastique „ Mon-
„ sieur, lui a-t-elle dit, je suis une étrangere qui,
„ dans ce moment, retourne dans sa patrie ; comme
„ je suis fort attachée à votre nation, j'ai cru devoir
„ lui laisser en partant, quelques foibles marques de
„ l'intérêt qu'elle m'a inspiré. J'apprends que les
„ malheureux souffrent beaucoup des rigueurs de la
„ saison ; je vous apporte cens louis. „ Aussitôt le laquais dépose cette somme en écus de six francs : quelques momens après : „ Monsieur le Curé, pour-
„ riez-vous m'enseigner quelqu'un qui me donneroit
„ des louis pour de l'argent blanc ? j'ai là bas dans
„ mon carrosse deux mille écus..... M. le Curé ne laisse pas achever : „ Madame, je suis charmé de
„ cette occasion de vous témoigner au nom de mes
„ pauvres, toute ma reconnoissance ; vous n'irez pas
„ plus loin pour un si foible service, je vais vous
„ donner de l'or. „ La Dame fait apporter les deux mille écus, prend les louis & se retire, après s'être récriée sur les procédés honnêtes de M. le Curé.
„ Il n'y a que les François, dit-elle, qui connoissent
„ ces nuances de la politesse ; Monsieur, j'empor-
„ terai dans mon pays le ressouvenir de votre nation
„ & sur-tout je me rappellerai avec plaisir M. le
„ Curé de *S. Eustache.* „ Le Pasteur, de son côté, admiroit la générosité de l'étrangere ; il n'y a que les étrangers pour une pareille bienfaisance, disoit-il, nos François ne font pas des aumônes si abondantes.

Les facs de Madame avoient été mis fous les mains du Pafteur pour être diftribués à la premiere occafion ; cette occafion ne tarde pas à fe préfenter ; on apporte ces facs qui fe trouvent remplis d'écus faux fur lefquels il y en avoit feulement quelques-uns de véritables.

Il fe rencontrent par fois des maris qui veulent être maîtres chez eux. Un nouveau Marié de cette trempe s'apperçut dès le jour de fes nôces qu'il auroit de la peine à dompter le caractere dominant & entier de la femme qu'il venoit de prendre ; il prit pour la corriger une voie analogue à celle qui a réuffi à l'Allemand de la peau de bœuf. Le lendemain du mariage, il mena fa femme à la chaffe ; un chien perd la trace de la bête ; le nouveau Marié affectant un grand fens froid lui lâche un coup de fufil ; un autre chien part trop tôt, autant de mort : la femme de regarder fon mari avec beaucoup de furprife. — Mais, Monfieur, ces pauvres bêtes, qu'ont-elles fait ? — Madame, je ne puis fouffrir qu'on contredife mes volontés.... Ce chaffeur étoit defcendu de cheval, il veut y remonter, le cheval fe cabre, un coup de piftolet le jette à bas.... Monfieur, reprend la femme en tremblant, mais Monfieur.... — Madame, encore un coup, vous ne me ferez point changer de maniere & mon premier mouvement fera toujours de détruire tout ce qui me contredira.... La femme fe tut, & au moyen de quelques leçons de cette nature répétées de tems en tems, elle devint la plus complaifante des époufes. Elle en a pris tellement l'habitude que quoiqu'elle fache maintenant que cette conduite de fon mari étoit une rufe, elle eft encore pour fa docilité l'exemple des autres femmes, exemple fort peu fuivi pourtant.

Madame de *Boulainvilliers* rencontra, il y a quelque tems dans la campagne, une jeune fille d'une très-jolie figure, qui pleuroit : elle est émue, fait approcher l'affligée & l'interroge. — Madame, ma mere vient d'expirer dans cette chaumiere, je perds l'objet unique de ma tendreffe & mon feul appui, je fuis abandonnée de tout le monde.... — Qui êtes-vous, ma belle enfant, que faifoit votre mere ? — Nous vivions de notre travail, dans la plus profonde mifere ; mon nom eft *Chivry* ; ma mere m'a dit fouvent que nous étions de qualité, & l'injuftice du fort.... Ah, Madame, mon pere eft mort il y a deux mois, à l'hôtel-Dieu, il a recommandé à ma mere, une liaffe de vieux papiers.... je vais les chercher.... Madame de *Boulainvilliers* intéreffée au dernier point pour la jeune perfonne, laiffe paroitre une fenfibilité qui n'a pas befoin d'éloges : il fuffira de raconter le fait. Elle emmene Mademoifelle de *Chivry*, & fait apporter fes titres, après avoir chargé quelqu'un des funérailles de fa mere. On a examiné les papiers, on les a difcutés avec le plus grand foin ; M. & Mad. de *Boulainvilliers* ont fait toutes les recherches propres à découvrir la vérité : M. d'*Hozier* vient de la mettre au jour. Mademoifelle de *Chivry* & un de fes parens qui fert dans la marine font les débris d'une famille illuftre qui defcendoit en droite ligne de *Henri de S. Remy* bâtard légitimé de *Henri II*, Roi de France. La bienfaitrice de ces infortunés leur a déja obtenu des graces de la Cour.

La fureur du jeu eft, depuis quelques années, devenue univerfelle. Elle s'eft emparée de tous les états. Chacun dans l'efpoir de faire des reffources a recours à ce moyen rarement utile à quelques-uns & plus fûrement ruineux pour le grand nombre. La foule prodigieufe des fripons augmente néceffairement celles des dupes. Les exemples chaque jour s'accumulent dans cette capitale : je me bornerai à vous en rapporter des plus récens. Un jeune homme ayant atteint depuis quelques mois l'âge de la majorité, eft affez fou pour rifquer au jeu tout fon patrimoine, dans le deffein de le doubler. Il eft trompé dans fes efpérances ; il perd tout. Réduit à manquer de tout, il fe détermine à s'empoifonner de concert avec une jeune fille qu'il aimoit & à laquelle il étoit prêt de s'unir, fi la chance du jeu lui avoit été favorable. Celui-là n'étoit que duppe. Ceux-ci étoient fripons. Une femme de qualité, jouant au *vingt & un*, demande carte. Celui qui tenoit la main lui donne un dix qui avec un quinze & un fept formoit vingt-deux. Mais en mettant le pouce fur le point du milieu du fept, elle s'écrie brufquement, vingt & un ; le Banquier peu défiant, fans examiner lui paye trois louis. Un Anglois qui par derriere cette femme, jouoit cinquante louis fur les mêmes cartes, ne voulant point être de moitié dans la friponnerie, dit au Banquier, en lui pouffant fon argent : *Pour vous, Monfir, pour vous.* — Quoi, dit le Banquier, n'avez-vous pas vingt & un ? — *C'eft Madame*, répond l'Anglois, *qui a vingt & un : pour moi, j'ai vingt-deux.* Un jeune Abbé qui admis pour la premiere fois dans une des meilleures maifons de Paris fut invité de faire un piquet avec la maîtreffe du logis ; il lui gagnoit une fomme affez confidérable ; la Dame furprife d'un bonheur auffi conftant, eut quelques foupçons & après avoir examiné attentivement l'Abbé : *Quoi, Monfieur*, dit-elle, *vous reprenez, je crois, dans voire écart ?* — *Oui Madame*, répond l'Abbé froidement, *eft-ce que vous n'y reprenez pas ?* — *Non, Monfieur, ce n'eft point l'ufage.*

—*Il falloit donc le dire*, *Madame*. On força l'Abbé de rendre l'argent qu'il avoit escamoté & on le chaffa.

Deux jeunes gens étroitement liés dès l'enfance furent entraînés dans le vice par la fréquentation de la mauvaise compagnie, pendant le tems que leurs études les retinrent dans la capitale. Rappellés en Provinces par leurs parens, une petite ville leur parut un théatre trop refferré pour leurs plaifirs. Ils employerent d'abord la feduction & tous les moyens que l'efprit de debauche peut fuggérer pour rendre toute la jeuneffe du lieu de leur naiffance, complice de leur libertinage, Ils étendirent dans le environs, la fcene de leurs infâmes amufemens. Un foir, après avoir paffé la journée dans un bourg du voifinage, ils traverferent un bois où l'idée vint à l'un d'eux, de fe dédommager fur le premier paffant, de la dépenfe où leur mauvaife conduite les avoit entrainés. La débauche affaiffe l'efprit, détruit tous les principes & rend l'ame moins fufceptible de l'horreur d'une baffeffe, On en vient bientôt à n'être plus révolté de celle du crime le plus affreux : fouvent il ne coûte déja plus lorfqu'on eft livré à fes paffions, au point de n'avoir d'autre but que de les fatisfaire. Le plus jeune des deux amis, nommé *Martal*, étoit né vertueux, le goût des plaifirs ne tenoit encore qu'à fes fens & n'avoit pas corrompu fon cœur. *Martal* frémit de la propofition de fon compagnon : mais quoiqu'incapable de partager le forfait, il n'eut pas la force de l'arracher à ce funefte deffein. L'occafion fe préfenta bientôt de l'exécuter. Une vielle fermiere avec fa fille vint à paffer. L'indigne ami du foible & malheureux *Martal* conçut aifément que la voiture de ces femmes étoit chargée d'argent qu'elles rapportoient d'un marché voifin. Les approcher & les menacer l'épée à la main ne fut qu'une même chofe pour le fcélérat. Tomber évanoui fut le fort du pauvre *Martal* : une jeune perfonne qui fuyoit dans l'obfcurité, en le heurtant lui rendit l'ufage de fes fens. En fe relevant avec vivacité, il redoubla la frayeur de l'infortuné : après quelques efforts, il apprit par des mots entrecoupés qu'il lui arracha, que fon ami avoit pourfuivi & atteint les voyageurs qui avoient effayé de fuir ; qu'après avoir bleffé la vieille fermiere, il s'étoit emparé de tout fon argent. La jeune fille alloit à une chaumiere voifine chercher du fecours pour fa mere. *Martal* hors de lui-même, effrayé du crime qui venoit de fe commettre, fut encore attendri par la belle enfant qui le lui racontoit. Les dangers que couroit fon ami fe préfenterent en même tems à fon efprit. Il empêcha la jeune payfanne d'aller plus loin & s'offrit à donner lui-même à fa mere les fecours dont elle avoit befoin & à les reconduire enfuite. Arrivés à la voiture, ils trouverent la bonne femme qui venoit d'expirer : la maréchauffé parut à ce moment : l'innocent *Martal* fut pris pour l'affaffin & conduit dans les prifons. Le témoignage de la malheureufe orpheline fut le feul obftacle qui empêcha les Juges de le condamner comme atteint du meurtre. Elle étoit elle-même foupçonnée, & fi le coupable n'avoit eu l'imprudence de venir dans les cachots vifiter l'ancien compagnon de fes débauches. *Martal* auroit pu être la victime des apparences qui dépofoient contre lui. Le hafard voulut que la villageoife apperçut l'affaffin dans la prifon ; un cri qu'elle fit le dénonça, & elle ne balança pas à déclarer que c'étoit par fon fupplice qu'il falloit vanger la mort de fa mere. Le meurtrier fubit bientôt la peine de fon forfait, à laquelle la délicateffe de *Martal* l'auroit dérobé : celui-ci n'auroit jamais cherché à fe fouftraire à une punition injufte, en dénonçant fon indigne ami. *Martal* dans la prifon avoit eu la liberté de voir la charmante perfonne que fon compagnon avoit plongée dans le deuil. Jufques-là il avoit ignoré les douceurs de la fociété d'une perfonne vertueufe. Celle-ci ne manqua pas de lui faire abhorrer fa vie paffée ; le goût de l'honnêteté qui n'avoit été qu'affoupi dans fon cœur, fut réveillé par l'amour la plus vif qui conçut pour la compagne de fon infortune. Un fentiment tendre & vertueux lui avoit été inconnu jufqu'alors ; dès qu'il l'eut éprouvé, le changement qui fe fit en fa perfonne, ne tarda pas à le faire paroître aimable aux yeux de celle qui l'avoit fait naître. Quand il eut obtenu fa liberté, la régularité de fes mœurs le reconcilia avec fes parens. Ils confentirent à fon union avec la jeune orpheline à laquelle il tint lieu de la mere qu'elle avoit perdue. Ce couple heureux a produit un famille nombreufe à qui le fouvenir de fes agrémens a engagé le pere à donner l'éducation la plus foignée.

Un foir vers les huit heures, deux hommes fe préfentent chez une fage-femme de cette ville & lui font entendre qu'ils viennent la chercher pour accoucher une fille de la plus grande qualité qui a eu la foibleffe de fe laiffer tromper par un malheureux qui l'a abandonnée. Pour être plus fûr de la difcrétion, on exige d'elle qu'elle fe laiffe bander les yeux. Elle y confent. Une voiture l'attend à la porte ; on y monte, & après l'avoir promenée pendant trois ou quatre heures, on l'a fait monter dans une chambre. Là on lui ôte le bandeau. Elle voit un très-grand feu allumé : elle s'approche d'une jeune fille d'une beauté remarquable. Cette infortunée lui dit tout bas : *Madame, par pitié arrahé-moi la vie.* Mais, comme elle étoit obfervée avec le plusgrand foin & qu'elle craignoit elle-même pour fes jours, la fage-femme n'ofa jamais lui demander le fujet de fes allarmes, quelque defir qu'elle eut de le favoir. Enfin elle accouche cette fille d'un garçon ; elle veut enfuite accommoder l'enfant : mais les deux hommes qui l'avoient amenée fe promenoient dans la chambre pendant l'opération avec le plus morne filence & ne voulurent jamais lui permetre d'emmail-loter l'enfant. Elle fit obferver que le feu extraordi-naire qui étoit dans la cheminée étoit capable de faire mourir l'accouchée, on ne lui répondit rien. On la paya largement, on lui rebanda les yeux, on la fit defcendre : mais à peine fut-elle à la porte de la rue, qu'elle entendit des cris épouvantables. On la fit monter dans une voiture, & les deux hommes qui l'avoient amenée la conduifirent chez elle, après l'avoir promenée deux ou trois heures. Il faut dire que cette femme avoit eu la précaution de conferver du fang dans une de fes mains, & qu'en fortant de la maifon, elle feignit de s'appuyer fur le mur. Elle efpé-roit que cette indice ferviroit à faire reconnoître la maifon. Dès qu'elle fut libre, elle alla faire fa dépofi-tion chez un Commiffaire : mais on n'a pu découvrir ni la rue, ni la porte, ni les hommes qu'elle a défignés.

Sur la paroiffe de *S. Severin*, un Particulier vivoit à l'extérieur, d'une maniere très-réguliere & jouiffoit de la réputation d'aimer le bien & de pratique des œuvres de charité. Affidu aux exercices de la Religion, il en paroiffoit fuivre toutes les maximes avec une ferveur tout-à-fait exemplaire. Il avoit édifié par fa conduite tout le clergé & tous les habitans de la paroiffe. On le citoit comme un parfait modele. On ne l'appelloit que le faint homme. Mais il n'étoit rien moins que ce

qu'il

qu'il paroissoit. Sous le voile de la dévotion il cachoit une ame atroce & dépravée. Il enlevoit à droite & à gauche les jeunes filles de pauvres parens, leur faisant espérer qu'il les placeroit avantageusement & leur procureroit un apprentissage utile & honnête. Bien loin de remplir des engagemens si respectables, ce malheureux vendoit les jeunes filles & les livroit à la plus affreuse prostitution. Une de ces infortunées entr'autres qui depuis trois jours combattoit pour sa vertu & s'opposoit aux persecutions de cet indigne suborneur, doué d'une ame forte & élévé, conçut le généreux dessein de lui échapper à tel prix que ce fût. Elle trace avec son sang sur un papier l'histoire de ses malheurs & de son oppression, & l'adresse au vicaire de la paroisse. Elle jette par la fenêtre cet écrit qu'elle abandonne au hasard. Heureusement celui qui le trouvat le lut, le porta au vicaire & lui indiqua l'endroit où il avoit ramassé cet écrit. L'ecclésiastique va trouver le Procureur général, lui remet l'écrit & désigne l'homme en question sous les traits les plus capables de le faire reconnoître. ,, Il y a long-tems, dit le Procureur ,, général, que je cherche un homme du caractere ,, dont vous le dépeignez. Je veux m'en assurer, & ,, j'y mettrai ordre. ,, Il écrit en conséquence à ce seducteur la lettre la plus pressante & lui marquant ,, qu'instruit du bien qu'il faisoit sur sa paroisse, il ,, desiroit le voir pour lui communiquer des choses ,, très-importantes & relatives à ses pieux desseins : ,, qu'il l'attendoit à telle heure, le priant de se rendre ,, chez lui au tems marqué. ,, Cet homme plein de confiance se rend à l'invitation du Magistrat. Celui-ci le reçoit avec l'accueil le mieux concerté & s'amuse par le récit qu'il lui fait faire de ses prétendues bonnes

K

œuvres, *&* par de nouvelles vues qu'il propofe à ce fujet. Da" cette intervalle, un Commiffaire eft envoyé chez l'homme en queftion, accompagné de quatre Officiers de police. Ils trouvent en effet douze jeunes filles réduites à la plus extrême mifere & dont le plus grand nombre avoit déjà facrifié fa vertu. Le Commiffaire demande celle qui a écrit la lettre. Cette jeune perfonne pleine de joie de ce que fon projet avoit réuffi, raconte avec ingénuité toutes les vexations qu'elle avoit effuyées. Elle ajouta que renfermée depuis trois jours feulement dans ce lieu infâme, elle étoit venue à bout de réfifter aux indignes fuggeftions de fon abominable tyran. Le Commiffaire bien inftruit, va rendre compte de fa commiffion au Procureur général, & laiffe les affiftans dans la maifon. Après avoir parlé en fecret au Magiftrat, il en reçoit l'ordre de faire arrêter à la fortie de fon hôtel l'abominable impofteur, ce qui fut exécuté. La paroiffe prend foin des jeunes filles.

A B R É G É

DE L'HISTOIRE DE PSALTERION,

FAMEUX CRITIQUE ARABE,

Traduit du Turc, par M. D. L. H.

La naiffance de *Pfalterion* eft femblable à l'origine de ces grands fleuves qui commencent par une fource obfcure. Si l'on s'en rapporte aux difcours de *Pfaltérion*, il defcend d'une famille noble, depuis long-tems établie dans un pays limitrophe de l'Arabie : mais fi l'on en croit la tradition la plus généralement

adoptée, il ne doit le jour qu'à l'accouplement clan-
destin d'une cuisiniere & d'un soldat invalide de
Médine. De cette union naquirent trois enfans qui
ne furent légitimes que par la suite. L'aîné fut celui
dont on écrit ici la vie; un autre qui fut précepteur
dans une pension & une fille qui fut mariée à un
vitrier de la Méque. On assure même que, lorsque
Psalterion vit le jour, sa mere étoit si pauvre que
pressée par les douleurs de l'enfantement, elle le
mit au monde au milieu de la rue dont il porte le
nom. Le principal d'un college, situé dans la même
rue, témoin de cette catastrophe, ne put voir sans
compassion l'état déplorable de la mere & de l'enfant.
Après avoir assisté cette femme pendant ses couches,
il lui procura, lorsquelle fut rétablie, une place de
gouvernante dans la maison qu'il dirigeoit, & se
chargea du soin d'élever l'enfant. Ce fut pour cette
famille un véritable pere. Il ne cessa de l'aider dans
tous les tems. Lorsque *Psalterion* eut atteint l'âge de
sept à huit ans, le bon Derviche lui fit donner une
bourse dans son college & veilla lui-même à son
éducation. En grandissant, le jeune éleve annonça
quelques dispositions précoces qui acheverent d'intéresser le vieillard à son sort : mais le bon Derviche
démêla avec douleur dans son jeune protégé un penchant invincible pour la satyre, que la douceur des
représentations & la sévérité des corrections ne firent
qu'accroitre encore. Lorsqu'à sa sollicitation, les con-
disciples du petit Boursier, riches pour la plupart,
lui donnoient des secours, on remarquoit déjà en
lui un fond de vanité, d'insolence & d'ingratitude qui
depuis se développerent si bien & le rendirent si
fameux. Quelque bien dont on l'accabla, on ne parvint jamais, tout jeune qu'il étoit, à arracher de son

ame le moindre sentiment de reconnoissance. Il sembloit même que les bienfaits qu'il recevoit, étoient pour lui des titres d'arrogance & d'orgueil. Lorsque le cours de ses études fut achevé, son vieux bienfaiteur ne le perdit point de vue & ne cessa de le secourir. Mais le petit *Psalterion* paya ses soins paternels par une satyre très-plate & très-méchante. Il en fit courir des copies dans tous les colleges. On fut si indigné de ce procédé que malgré le vieillard, on obtint un ordre pour le faire enfermer dans une maison de force. Loin d'être humilié de cette correction, il composa dans sa prison de petits vers dans lesquels il exaltoit sa belle ame & sa fermeté. L'indignation l'avoit fait séquestrer, un mouvement plus humain le fit élargir : malgré la gravité de ces fautes, on ne crut point devoir désespérer de sa jeunesse à laquelle on les attribuoit. On lui rendit la liberté ; le vieillard lui pardonna : mais bientôt de nouveaux outrages le forcerent de l'abandonner totalement. Quand *Psalterion* se vit maître de ses actions, il se livra sans frein à son goût tyrannique pour la satyre. Il préludoit déjà par de petites libelles anonymes contre ses amis, contre ses bienfaiteurs, au grand rôle, qu'il devoit jouer un jour. Il suffisoit de l'obliger, pour y obtenir une place. Tandis que d'une main il décochoit en secret les traits les plus envenimés contre un critique justement célebre, nommé *Norfer*, de l'autre il mendioit son suffrage en lui adressant les plus basses adulations. Un jeune homme nommé *Torad* s'étoit fait connoître dans l'Arabie par des poésies pleines d'esprit & d'agrémens. Il fut instruit des besoins urgens de *Psalterion*, il alla lui offrir des secours de la maniere la plus obligeante. *Psalterion* les accepta & vécut même long-tems à ses dépens.

Mais suivant sa coutume, dans ses discours & ses écrits, il n'épargna pas plus ce dernier bienfaiteur qu'il avoit épargné les autres. *Torad* hasarda au théâtre un essai qui ne réussit point. *Psalterion* lui persuada qu'il étoit capable d'y faire des corrections qui rendroient la seconde représention plus favorable. *Torad* le crut & lui abandonna son manuscrit. En fidele historien, je ne dois point omettre ici une anecdote assez singuliere. *Psalterion* chargé de corriger la piece de *Torad*, alla s'enfermer dans sa chambre & recommanda à son hôtesse de ne laisser entrer personne. Un particulier se présenta pour voir *Psalterion*; l'hôtesse exécuta les ordres qu'elle avoit reçus. Le particulier insista, en assurant à la bonne femme que *Psalterion* lui avoit donné rendez-vous & qu'il étoit chez lui. *Eh bien, Monsieur*, répartit l'hôtesse, *puisqu'il faut vous le dire, M.* Psalterion *est occupé à refondre cette mauvaise piece qui est tombée hier & pour n'être pas interrompu, il a défendu sa porte.* C'étoit *Torad* lui-même qui venoit communiquer à son ami quelques nouvelles idées qui lui étoient survenues. Quoi qu'il en soit, la tragédie ne fut pas mieux accueillie à la seconde représentation qu'à la premiere. *Psalterion* en fit secretement l'extrait qu'il envoya à un des quinze mille Journeaux de l'Arabie. Il y maltraita beaucoup & la piece & l'auteur & ne cita avec éloge que les morceaux qu'il y avoit ajoutés. Il voulut enfin s'essayer lui-même sur différens sujets. Les comédiens rejetterent ses essais. A force de bassesses, il parvint à en faire accepter un. *Torad* instruit de sa conduite à son égard, se refroidit entiérement & rompit avec lui. *Psalterion* étoit alors sans ressource, il étoit même dans un tel délabrement qu'il n'osoit paroître. Ses amis se cottiserent & le mirent en état de fe montrer avec plus de décence. Il fe fit faire un habit de moëre bleu-célefte. Revêtu par la libéralité de fes amis, il fe méconnut fur le champ. Il affecta même dans les lieux publics de ne pas faluer ceux à qui il étoit redevable de fa brillante métamorphofe. Enfin fa piece obtint les honneurs de la repréfentation. Les connoiffeurs ne trouverent dans cet effai que des imitations de pieces connues, une verfification féche & ampoulée, un plan mal digéré, & une intrigue fans intérêt, mais la multitude ne vit que la jeuneffe de l'auteur & accueillit fon ouvrage avec indulgence. Dès ce moment *Pfalterion* fe crut le premier homme de la littérature. La tête lui tourna. Il n'ouvrit la bouche que pour témoigner fa profonde eftime pour lui-même & fon profond mépris pour fes concurrens. Il ofa même dire un jour publiquement en leur préfence, qu'il ne feroit point flatté d'être à la tête des écrivains de ce tems-là. Un homme d'efprit lui repartit fur le champ, il n'avoit qu'à fe mettre à la queue. Il n'y eut point de refforts qu'il me mit en œuvre pour exagérer le foible mérite de fon drame. Il en compofoit lui-même des extraits qu'il faifoit inférer dans les Journeaux. Il eut l'audace de s'y comparer aux plus grands maîtres de la fcene. Il fit mieux ; à la clôture du fpectacle qui a lieu à l'approche du Ramazan, il eft d'ufage qu'un des comédiens prononce un difcours pour remercier le public. *Pfalterion* compofa lui-même ce difcours où après avoir traité affez durement les nouveautés qui avoient paru dans l'année, il s'arrêta avec complaifance fur l'éloge de fon drame qu'il élevoit comme un chef-d'œuvre rare. On fut indigné contre le comédien qui paroiffoit s'arroger ainfi le droit de défigner les rangs. Le grand *Eriatlov* préfidoit alors à la littérature. Une feule de fes lettres fuffifoit pour procurer aux jeunes gens débutans une efpece de réputation. Le petit *Pfalterion* ne manqua pas de lui dédier fon effai. La réponfe d'*Eriatlov* fut polie & encourageante. *Pfalterion* en fit courir des copies. Malgré l'ennui qu'on éprouvoit à la repréfentation & à la lecture de cet ouvrage, tant d'éloges multipliés que l'auteur lui-même en répandoit avec profufion, en impoferent à la multitude qui en ignoroit la fource. Plufieurs jeunes gens fans expérience & la foule des fots furent quelque tems les dupes de ce manege. *Pfalterion* s'imagina bonnement mériter l'encens qu'il fe prodiguoit fi libéralement. Il affectoit de mettre une diftance immenfe entre lui & le refte des écrivains dont plufieurs valoient à tous égards infiniment mieux que lui. Ces derniers, loin de s'applaudir de cette féparation & de rire d'une vanité fi ridicule, eurent la bonhomie de fe fâcher contre un pareil original. Le produit de fa piece lui fournit pendant quelque tems les moyens de fatisfaire fa vanité. Il fe donna des habits, ils fe procura des plaifirs ; perfuadé que rien ne devoit réfifter à fon mérite, il entreprit de féduire la fille d'un honnête marchand ; il réuffit. La jeune fille céda à fa paffion. Cette foibleffe eut des fuites. Dès que *Pfalterion* s'en apperçut, il réfolut de l'abandonner : mais un des freres de la nouvelle ariane, alla le trouver & lui propofa deux partis. *Pfalterion* choifit le moins dangereux, il époufa. Ce fut à peu près dans ce tems que fa mere réduite à la plus affreufe indigence tomba malade. Elle lui demanda quelques fecours. Non-feulement il eut la barbarie de les lui refufer, mais il eut lui-même la dureté de la laiffer mourir dans un hôpital. Il ne daigna pas aller la voir une feule fois.

K 4

Le premier fuccès qu'il avoit obtenu , lui fit croire fes productions à l'abri du naufrage. Il avoit tant de confiance en fes talens qu'il compofa plufieurs tragédies avec *une facilité entraînante*. Il en fit repréfenter quatre ou cinq , tantôt fous fon nom & tantôt fans le nommer. Toutes furent fifflées également. Malgré le fond de vanité inépuifable qui lui reftoit, tant de difgraces accumulées le mirent au défefpoir. Il étoit déterminé à quitter la carriere dramatique ; il étoit tenté d'embraffer la profeffion d'avocat. Sans appui, fans reffource, il ne favoit plus de quel côté tourner. Il ne voyoit qu'une affreufe perfpective devant lui. Il avoit beau fe tourmenter, rien ne s'offroit à lui.

L'empire littéraire en Arabie étoit alors divifé par deux partis. D'un côté, on voyoit quelques littérateurs ifolés dont plufieurs avoient des talens diftingués. Sans brigue, fans fortune, ils gémiffoient en filence de la décadence des lettres & s'efforçoient de faire revivre dans leurs écrits les principes de la faine littérature & le goût des modeles antiques. De l'autre, on remarquoit des fophiftes impudens, affez médiocres pour la plupart, mais fortement ligués enfemble. A force de fe louer exclufivement les uns les autres , ils étoient parvenus à fe donner réciproquement une réputation très-étendue avec des ouvrages affez ennuyeux. Ils fe difoient hautement les précepteurs des Souverains, les légiflateurs du monde, en un mot, les favans univerfels. Par les fiftêmes erronés qu'ils avoient répandus, ils avoient féché les fleurs de l'éloquence & de la poéfie. Avec des louanges fouvent affez groffieres, ils avoient féduit la plupart des hommes en place & des femmes à la mode. Parmi leurs féducteurs, ils comptoient des Miniftres , dès Généraux, & même des Souverains. Le grand *Eriatlov* qui au fond du cœur les méprifoit, s'étoit mis à leur tête. Ils l'avoient choifi pour chef. *Eriatlov* les connoiffoit trop dangereux pour ne pas les ména- ger. Sa prodigieufe célébrité leur donnoit une circonf- tance que les intrigues ne leur auroient jamais procu- rée Ils avoient fi bien aprofondi l'art de cabaler qu'ils difpofoient à leur gré des réputations, des penfions, des places, des dignités littéraires. Un écrivain n'avoit rien à efpérer fans leur appui. Les fuccès même les plus conftatés devenoient nuls. Ils jouiffoient d'un crédit immenfe. On devine aifément pour lequel des deux partis fe déclara le petit *Pfalterion*. Il fe jetta tout à coup à travers les combattans & s'an- nonça pour un des plus ardens apôtres de la fecte. Dans fes petits écrits il venta avec emphafe tous ceux dont le crédit pouvoit lui être utile & calomnia avec infolence tous ceux dont il n'attendoit rien. Le parti apperçut avec plaifir, dans le nouvel adepte, une confiance aveugle, une vanité intrépide, une audace à toute épreuve qui pouvoient lutter avec avantage contre les ennemis communs. On le jugea digne d'être admis dans la fecte & on l'initia dans les myfteres les plus cachés. Il ne s'agiffoit plus que de mettre entre fes mains une arme dont il put fe fervir journellement pour la défenfe du parti : un Libraire avoit obtenu le privilege du Journal, fans contredit le plus répandue de l'Arabie. On lui pro- pofa *Pfalterion* pour Aide de camp. Il marqua de la répugnance. Tous les Rabins du parti redoublerent leurs follicitations, le Libraire, quoique d'ailleurs homme foible & dévoué à la fecte, tenoit toujours bon : enfin on preffa le grand *Eriatlov* d'écrire en faveur du petit *Pfalterion*. *Eriatlov* perfécuta le marchand, à tant de reprifes & fi vivement que le bon homme, fatigué de tant d'importunités, n'eut pas la force de réfifter plus long-tems· Il confentit à prendre à fes gages le petit *Pfalterion*. Dès que celui-ci fe vit appuyé & qu'il eut la facilité de differter publiquement une fois par mois, il fe crut l'arbitre des talens, le difpenfateur de la renommée. Il s'adreffoit à la Capitale, aux Provinces, aux Royaumes étrangers, à la poftérité. Du haut de fon petit tribunal, il s'imaginoit juger la littérature en dernier reffort. Il avoit la fottife de prendre fes décifions pour des oracles, fon impudence pour de la nobleffe, fes injures pour des épigrammes, fes chutes pour des triomphes, fon orgueil pour du génie & fes dédains pour de la fupériorité. Donnant le ton à quelques cotteries qui avoient eu la bonté de le fouffrir, il fe perfuada le donner au monde entier, comme un régent de college prend l'univerfité pour l'univers. Malheur à l'écrivain fans intrigue & fans fortune dont les talens offufquoient fa petite vanité ! Malheur à ceux en qui il ne foupçonnoit pas la haute opinion qu'il vouloit qu'on eût de fes talens. Il les humilioit avec infolence ; il rendoit de leurs écrits le compte le plus infidele ; il s'efforçoit de les tourner en ridicule. Il cachoit avec malignité les beautés qu'il ne pouvoit pas dénigrer. Il les faifoit fiffler dans les petits comités fophiftiques & par les petits garçons qu'il endoctrinoit. Il s'appéfantiffoit très-longuement fur chaque fyllabe de leurs ouvrages. Il affuroit avec un front d'airain que leurs productions n'étoient lues de perfonne & que même leurs noms étoient totalement ignorés. De petits écoliers répétoient en échos les arrêts de *Pfalterion* dans tous les caffés. Ils crioient par-tout qu'il étoit un grand homme. Ce fameux critique fe livroit à fes haines, à fes jaloufies perfonnelles avec un acharnement, une indécence qui révoltoit même les plus indifférens. *Torad* à qui il avoit eu jadis les plus grandes obligations, fut précifément celui qu'il tourmenta le plus. Avec un pareil penchant, *Pfalterion* eût été le critique le plus dangereux, s'il eût reçut du ciel le talent de la plaifanterie. Mais il étoit fi lourd, fi fec, fi tranchant, il avoit tant de morgue que même quand il avoit raifon, ce qui lui arrivoit quelquefois, il avoit toujours l'air d'avoir tort. Le grand *Eriatlov*, qu'une foule de chefs-d'œuvre avoit rendu l'oracle de l'Arabie, avoit la foibleffe de porter envie à tous les talens qui avoient quelqu'éclat. Le petit *Pfalterion*, pour lui complaire, fe crut obligé de lui immoler ce qui faifoit ombrage au célebre vieillard. En conféquence il traita avec mépris les deux *Reauffou*, *Nocreille*, *Becrillon*, *Ronpi*, *Pongnampi*, &c. &c. Cette conduite fut moins un effet de fa reconnoiffance que le befoin de céder à l'impulfion de fon naturel pervers, & l'envie de mettre *Eriatlov* & fes amis, dans fes intéréts. Il nourriffoit fur-tout fecrétement l'efpoir de forcer *fon papa grand-homme*, c'eft ainfi qu'il appelloit le vieil *Eriatlov*, à lui laiffer en mourant une partie de fa fortune qui étoit immenfe. Auffi ne laiffa-t-il jamais une occafion de lui prodiguer les adulations les plus baffes. Il affectoit pour lui un dévouement fi aveugle qu'il fut furnommé dans l'Arabie le Seyd de ce Mahomet. De fon côté, *Eriatlov* pour le payer de fes foins, n'epargnoit point les éloges les plus outrés. Le petit *Pfalterion* avoit compofé fur un fujet très-intereffant, un drame très-froid, fottement conduit, & écrit du ftyle le plus lâche & le plus plat. Les membres du parti fophiftique le lui faifoient lire dans toutes les maisons de l'Arabie. A chaque vers ils battoient des mains & des pieds, ils croient au miracle ! sur leurs décisions les femmes ne pouvoient en entendre la lecture sans avoir *la chair de poule.* Elles fondoient en larmes. *Eriatlov* qui mieux que personne apprécioit cette informe ébauche, ne rougit pas de la placer au rang des chefs-d'œuvres de la nation. Il osa même comparer le petit *Psalterion* à l'immortel *Enicra*, le plus élégant, le plus harmonieux, le plus touchant des poëtes de l'Arabie. *Psalterion*, suivant sa coutume, en rendit compte dans son Journal. *Ce drame*, disoit-il modestement, *assez loué par les applaudissemens de l'Asie, est l'un des ouvrages les plus touchans qu'on ait faits dans le genre dramatique & du très-petit nombre des ouvrages de génie qu'on ait produits depuis quarante ans.* Il est vrai, les chefs de la secte, après avoir élevé ses ouvrages dans les sociétés, étoient presque toujours forcés par le cri public de les abandonner à l'oubli. Mais ils étoient trop assurés d'être proclamés exclusivement dans son Journal, les apôtres de la sagesse, les héros de la littérature, d'y être distingués comme une *classe d'hommes qui honorent la nation & la représentent chez l'étranger*, pour ne pas faire passer leur intrépide apologiste, dans les cercles, dans les caffés, dans leurs lettres particulieres, pour l'oracle de la littérature, pour l'homme de goût par exellence. Avec ce manege, ils donnoient à ses petites décisions une prépondérance qui les élevoit sur le pavois de la renommée & terrassoit leurs adversaires. Une tyrannie si injuste, un despotisme si criant révolta le reste des écrivains contre le *fameux* homme de *goût*. Pour le dédommager du mépris général & des humiliations qui en font les fuites, ils le gratifierent pendant dix ou douze ans de tous les prix d'éloquence & de poéfie que diftribuoit chaque année la premiere fociété littéraire de l'Arabie. Quoiqu'il ne fut ni éloquent ni poëte; à les en croire, c'étoit toujours un nouveau chef-d'œuvre qu'on alloit voir éclore; ils le diftinguoient de fes concurrens avec une affectation fi marquée que le public fut bientôt dans le fecret, & ce public ne trouvoit dans toutes fes productions annoncées avec emphafe, que des déclamations fort feches & des poéfies fans feu, fans verve & même fans goût. *Pfalterion* fecondoit de fon mieux les efforts de fes prôneurs : dans le Journal auquel il avoit part, il fe préconifoit fans pudeur. S'agiffoit-il d'une de ces pieces de vers couronnées? c'étoit, felon lui, une douceur, une harmonte & fur-tout une énergie qu'on ne trouvoit nulle part. Etoit-il queftion d'un écrit en profe? *Tous les genres d'éloquences fe trouvoient réunies dans cet ouvrage.* C'étoit-il une de fes phrafes? il s'écrioit auffitôt : *Voilà la période Arabe dans toute fa beauté. Voilà le ftyle des grands maîtres.* Lui échappoit-il une tournure obfcure & ampoulée, comme par exemple *s'entourer de la confternation?* il difoit tout fimplement que *c'étoit une de ces expreffions qu'on avoit trouvés, mais qu'il n'y avoit que le fentiment qui les trouvoit.* Après des éloges auffi exagérés, on brûloit de lire l'ouvrage : on étoit tout étonné de ne pouvoir l'achever. Il tomboit des mains. Plus le mécontentement général éclatoit & plus le parti l'accabloit d'éloges & de couronnes. Ses prôneurs crurent par cette obftination en impofer à la multitude & fubjuguer enfin l'opinion de la nation. Mais tous les ans, les juges & le triomphateur étoient bernés par des connoiffeurs & par les Journaliftes. Le célebre *Norfer*, le plus redoutable de leurs antagoniftes, démontroit à chaque fois les bévues groffieres de l'ouvrage couronné & l'aveugle prédilection de l'aréopage. Lorfqu'on la leur reprochoît, ils s'excufoient par un menfonge. Ils foutenoient avec cette affurance qui perfuade, parce qu'elle a l'air de ne douter de rien, que les écrits de *Pfalterion* étoient ce qu'ils avoient trouvé de mieux & que fans contredit il étoit le corriphée des écrivains modernes. Quelqu'un des concurrens avoient-il le courage de réclamer contre leur injuftice ? on lâchoit après lui tous les dogues & toutes les caillettes du parti. On étouffoit fes cris, s'il étoit feul. On tâchoit de l'appaifer, s'il étoit foutenu. On répandoit par-tout, que fa piece étoit déteftable. On le faifoit paffer pour un homme fans mœurs & fans talens. Le public affez incrédule pour les éloges, fe laiffe plus aifément prévenir par les dénigremens; fur-tout fur des objets peu intéreffans pour lui. Douze hommes qui s'entendent bien parviendront facilement à calomnier un écrivain ifolé. Malgré les plaintes continuelles, malgré les réclamations & les critiques qu'il effuyoit de tous les côtés, *Pfalterion* fe crut un génie du premier ordre, à peu près comme un enfant qu'on éleve par deffous les bras, fe croit plus grand que ceux qui le portent. Le public s'efforçoit en vain, tantôt avec indignation & tantôt avec malignité, de le remettre à fa place ; il fe regardoit toujours comme le phœnix des beaux efprits.

Au tort de préconifer celui qu'on appelloit leur enfant gâté, la fecte ajouta un nouveau tort qui acheva de les perdre dans l'efprit des honnêtes gens. Depuis un fiecle un Souverain de l'Afie avoit fondé dans l'Arabie une fociété compofée des quatre lettrés les plus diftingués de la nation. Ç'a été long-tems une dignité que les écrivains envifageoient comme une récompenfe due au mérite & à la vertu. Depuis quelques années la brigue s'y étoit gliffée. Les fophiftes qui s'en étoient emparés, en fermoient continuelle-ment la porte à tous ceux qui n'étoient point enrôlés fous leurs drapeaux. Ce n'étoit plus qu'un tripot avili par la cabale. Le moindre grimaud qui leur étoit dévoué, pouvoit y prétendre. Par cet efpoir, ils groffiffoient leur parti de la moitié des littérateurs. Par le choix qu'on avoit fait de plufieurs hommes médiocres ou obfcurs, il fembloit qu'on avoit voulu préparer le dernier coup qu'on alloit porter à cet honorable établiffement. Il y avoit une place vacante. Tandis que plufieurs écrivains recommandables par de longs travaux, par des fuccès, par une conduite irréprochable y étoient appellés par la voix publique, les fophiftes élurent, au grand étonnement de l'Arabie, le petit *Pfalterion* qui n'avoit pour lui que des chûtes & de l'infolence. Ils avoient invité à cette réception tout ce que l'Afie avoit de plus illuftre en hommes & en femmes. Ils voulurent des témoins de fon triomphe ou plutôt du leur. Selon l'ufage, *Pfalterion* prononça un difcours. Il y flatta baffement les grands & s'efforça d'humilier une partie de fes concurrens. Ce difcours eut le fort de fes autres ouvrages. Il ennuya Mais le directeur ayant mêlé adroitement dans fa réponfe l'ironie avec la fincérité, toute l'affemblée s'égaya aux dépens du récipiendaire. Ce fut des applaudiffemens redoublés accompagnés d'éclats de rire univerfels. Un autre que *Pfalterion* feroit mort de honte fur la place. Il ne perdit point contenance. Il foutint l'affaut avec une fermeté rare, & ne vit dans cette juftice, que la rage de fes ennemis

& la victoire qu'il emportoit fur eux. Un avocat célebre, dont les écrits avoient été fort aigrement critiqués par *Pfalterion*, venoit de fuccomber aux complots de fes confreres que la jaloufie avoit armés contre lui. Il avoit été forcé de quitter le barreau. Pour fubfifter, il avoit créé un Journal qui avoit beaucoup de vogue ; il y rendit compte de la réception orageufe & bruyante de *Pfalterion*. Il fe permit quelques plaifanteries fur le nouvel intru, & quelques réflexions fur l'abus qui s'étoit introduit dans ce lycée. *Pfalterion* fouleva contre le Journalifte tous les grands qui y étoient admis. Ils fe crurent intéreffes à venger celui qu'ils avoient la bonté de regarder comme leur confrere. Le jurifconfulte fe vit obligé d'abandonner fon Journal & fa patrie. Son brave adverfaire non content d'avoir eu la cruauté de lui enlever la feule reffource qui lui reftoit, eut encore la baffeffe de fe revêtir de fes dépouilles. Il cabala tant & fit tant cabaler qu'il obtint la rédaction de ce Journal. Ce dernier trait imprima fur lui une tache ineffaçable. Ses partifans, quelque tournures qu'ils priffent, ne purent jamais parvenir à l'en laver. Dans les mains du nouveau rédacteur, le Journal créé par l'avocat, perdit un grand nombre de foufcripteurs. Le Libraire voulut faire un autre choix : les fophiftes, qui auroient été compromis par un affront qui retomboit fur eux, lui firent entendre qu'il falloit conferver *Pfalterion* & qu'ils feroient fi bien qu'à la longue le Journal reprendroit. Ils avoient beau recourir à leur manege ordinaire, cela ne prenoit plus. Le produit du Journal diminuoit toujours. Le grand *Eriatlov* avoit beau envoyer des extraits, des morceaux. Il avoit beau écrire que pour fe former le goût & s'inftruire, il falloit ne lire que le Journal de *Pfalterion*.

Pfalterion. Le regne des fophiftes étoit paffé. On ouvrit les yeux ; leurs intrigues furent dévoilés , ils perdirent la confiance, & le Journal eut le fort des tragédies de *Pfalterion.* Il tomba.

Bien fûrs d'étendre la gloire du parti, les fophiftes procurerent à leur bien aimé plufieurs correfpondances littéraires que des Souverains de l'Afie lui payoit largement. Comme ces fortes de lettres ne devoient point être publiques, l'ame de *Pfalterion* s'y montra fans nuage. Son goût pour la fatyre s'y déploya tout entier. Il falloit voir avec quel mépris, il parloit de fes concurrens. Ses amis, fes protecteurs à qui il devoit fa fortune, fa réputation, étoient le plus fouvent maltraités dans fes petits libelles clandeftins. Son *papa grand homme,* pour qui il feignoit publiquement une fi profonde vénération, n'y étoit pas épargné. Enfin le hafard fit tomber entre les mains d'un des membres de la fecte, ce petit Journal fecret. Ils reconnurent alors avec horreur le ferpent qu'ils avoient reçu dans leur fein. Ils le rejetterent avec indignation. Dès que *Pfalterion* fut connu, il devint l'objet de la haine & du mépris des deux partis : Il perdit fon Journal, fes correfpondances, fes places. Ses protecteurs le chafferent, fes amis l'abandonnerent ; il fe retira à la campagne & y finit fes jours dans la mifere, dans l'opprobre & dans l'obfcurité.

On fait que l'année 1776 fait époque dans l'hiftoire des obfervations métérologiques. L'hiver fut un des plus rudes qu'on ait éprouvé en France. Le jour où le froid fe fit fentir d'une maniere plus vive, il plut à S. M. d'aller fe promener jufqu'à trois quarts de lieue de *Verfailles,* accompagnée feulement d'un des Capitaines de fes Gardes. Deux enfans, qui ne connoiffoient pas le Roi, lui demanderent l'aumône fur le grand-chemin. S. M. touchée de leur état, leur fit plusieurs questions, & ils lui apprirent que leur mere étoit morte depuis deux jours ; que leur pere étoit malade , couché fur la paille, n'ayant ni pain, ni feu ; ce qui paroissoit attesté par les larmes que ces malheureux enfans répandoient abondamment. Ils témoignerent outre cela au Roi la crainte qu'ils avoient de perdre cet infortuné pere. Curieux de favoir s'ils ne lui en imposoient point, S. M. les suivit jusques dans leur chaumiere, & trouva effectivement le pere dans l'état où fes enfans l'avoient repré-fenté. Attendri fur un fpectacle aussi touchant, le Roi donna fur le champ de l'argent ; & de retour à *Versailles*, il envoya de nouveaux fecours & des meubles à cette pauvre famille. Il fit plus ; il ordonna que les deux enfans fussent mis en penfion & élevés à fes propres frais.

La Reine n'étant encore que Dauphine, fe prome-noit avec fon époux : elle vit passer un petit garçon qui portoit de la foupe dans une écuelle, avec quel-ques cuillers d'étain.... — *Que portes-tu là, où vas-tu, mon enfant ? — Madame, c'est de la foupe pour mes freres & mes fœurs. — Combien en as-tu donc ? — Huit, Madame. — Que fait ton pere ? — Il est Journalier, & il travaille dans ces jardins. — Combien gagne-t-il par jour pour nourrir une fi grande famille ? — Vingt-quatre fous l'été & vingt l'hiver. — Goûtons cette foupe*, dit la Princesse au Prince. *Cela n'est pas fort ragoûtant ; cependant, ce font des hommes comme nous, Monfieur, qui s'en nourriffent : n'importe, je la goûterai ; — tenez, goûtez-là aussi.* Elle tire enfuite de fa bourfe quatre piece d'or, les enveloppe dans du papier, & dit à l'enfant : — *Porte cela à ton pere. — Suivons-le,*

dit enfuite la Princeffe, *pour voir comment il fera
la commiffion.* Il arrive à la cabanne, & jette le petit
papier fur une table, en difant : *Tenez, mon pere,
nous voilà bien riches !* Le bon homme effrayé de voir
cet or, lui dit auffitôt : *Malheureux, où as-tu pris
cela ? — Je ne l'ai pas pris ; une belle Dame me l'a
donné dans le jardin. — Eft-il bien vrai ? — Oui,
mon ami,* lui dit la Princeffe, qui écoutoit à la porte,
c'eft moi qui vous ai envoyé ce peu d'argent. L'infortuné la reconnoît, fe jette à fes pieds, pénétré jufqu'aux larmes. *Eh bien, Monfieur,* dit la Princeffe à
fon époux, *n'êtes-vous pas attendri de ce fpectacle ?
ne fentons-nous pas la plus douce & la plus pure
fatisfaction ? Pourquoi ne pas nous la procurer tous
les jours ? Sans doute nous faifons fouvent l'aumône,
mais il y a peu de gens de notre état qui la fachent
bien faire.*

Une veuve d'un hameau près de *Ferney* fut pour-
fuivie par fes créanciers ; la Juftice fit vendre fon
bien. M. de *Voltaire* fe porta adjudicataire, fit pouffer
très-haut le prix de ce bien, & en devint le fermier
pour le compte de la Veuve. Il en fut mal récompenfé ;
au bout de l'année, la Veuve lui fit un procès.

Madame de La..., mariée fort jeune à une efpece
de Métis François-Efpagnol, fort fagouin, mais fort
commode, s'eft infenfiblement livrée au torrent des
intrigues. Eh, le moyen de s'en défendre ? Sans
fortune, il a fallu placer fon mari, pourvoir à fes
plaifirs, à fa parure, au loyer d'un appartement
brillant, & tout cela ne s'obtient en ce monde,
qu'en donnant de ces échanges de convention, auxquels les hommes attachent d'abord tant de prix ; &
qui finiffent par leur paroître fi peu de chofe. Mais,
foit que la vérité du proverbe ne puiffe être démentie ;

que ce qui vient par la flûte s'en va par le tambour,
soit que les actions amoureufes de la Dame ayent
perdu de leur valeur, il eft de fait que fa pofition
eft très-voifine de ce qu'on appelle, en être aux expédiens : de maniere que pour conferver une exiftence
tant foit peu décente pendant une abfence qu'a fait
fon mari, elle s'eft vu réduite à folliciter M. l'Archevêque de lui procurer une place dans une maifon
religieufe. Le Prélat, dans l'efpoir fans doute de
rappeller cette mondaine à Dieu, l'a placée chez les
Dames de Chaillot. Malheureufement, un ange féducteur l'attendoit dans cette retraite : le digne chapelain
s'eft amouraché d'elle, lui a rendu des petits foins,
& finalement a confommé le galant myftere. Les
précautions & la décence on d'abord favorifé ce
commerce clandeftin ; mais une feule imprudence
leur en a fait payer cher les trop courts momens.
Une lettre, dépofitaire de quelques mécontentemens
du chapelain envers la Dame Abbeffe, & remplie
d'imputations & d'invectives contre fa perfonne, eft,
par un funefte *quiproquo*, tombée dans fes mains,
au lieu d'être remife à Madame de La..., à qui elle
étoit adreffée. L'Abeffe s'apperçut de l'erreur avant
de l'avoir ouverte, mais par une fuite de cet efprit
curieux, tracaffier & inquifiteur, qui regne parmi toutes
ces béates béguines, elle ne put réfifter à la dévorante
tentation de décacheter cette fatale lettre. Quel coup
de foudre ! s'y voir traitée de *B..*, de *S..*, &c ! Tant
d'audace pouvoit - elle demeurer impunie ? Oh, la
tolérance monacale ne va pas jufques - là. On fait
fonner la cloche funebre ; chaque fœur ouvre les
oreilles & ne fait quel cataftrophe elle annonce : Le
Confeil s'affemble, fait avec indignation la lecture
du libelle odieux ; & d'une voix forte & unanime,

prononce anathême contre le couple prophane, qui s'eſt vu chaſſé de la maiſon du Seigneur.

Lorſque M. *Fox* entra dans le Miniſtere britannique, on y offrit une place à M. *William Pitt* âgé de vingt-deux ans : Il répondit : *Je ſuis trop jeune pour prétendre aux grandes places & trop fier pour accepter les petites.* Il a depuis calculé qu'une belle réponſe étoit quelquefois une dupperie & s'eſt laiſſé faire Miniſtre.

Madame de *Mirabeau* étoit extrêmement *proceſſive.* Son mari, auteur de l'*Ami des hommes*, tourmentoit beaucoup ſes vaſſaux dans une terre qu'il poſſédoit en *Limouſin.* L'un d'eux lui fit cet épitaphe :

> Ci gît *Mirabeau* le brutal
> Qui juroit bien & payoit mal.

La veuve voulant venger les manes de ſon époux, intente procès au faiſeur d'épitaphe ; il eſt condamné à une amende. Je payerai, dit-il, mais le lendemain de votre mort, je ferai auſſi la vôtre, & j'écrirai ſur votre tombe :

> Ci gît auſſi ſa *Mirabelle*
> Qui ne fut ni bonne ni belle.

La jolie *Luzzy*, actrice de la Comédie françoiſe s'eſt retirée dans un couvent. *Oh la coquine*, a dit Mademoiſelle *Arnoult* ! *Elle s'eſt fait ſainte dès qu'elle a ſçu que Jeſus s'eſt fait homme.*

Le Marquis de *Crequi* a gagné un procès contre les *Lejeunes* qui vouloient être ſes parens. Je crois en effet, a dit le Maréchal de *Biron*, que les *Crequis* ſont parens des *Lejeunes.* Lorſque les premiers ſe diſtinguoient dans les batailles, les autres faiſoient des *ſieges.* Les auteurs des *Lejeunes* étoient Tapiſſiers.

M. le Comte de *Galifet*, pere de Mad. la Duchesse de *Fronsac*, étant allé passer l'été dans ses terres, avoit laissé son suisse pour garder son hôtel pendant son absence. Un beau jour, le suisse disparoit : on entre dans la maison, on la trouve sans dessus-dessous, les glaces brisées, les papiers brûlés ou déchirés, l'argenterie enlevée avec plus de deux cents mille livres : on ne doute pas que le suisse n'ait été l'auteur du vol & de tant de dégat. Quelques jours se passent ; l'homme que l'on avoit mis à sa place, allant pour faire prendre l'air aux appartemens, se sent suffoqué d'une odeur fétide insupportable : il suit la trace, & parvient jusqu'à l'endroit d'où elle sembloit partir : il regarde, il observe, il tâte ; enfin, il porte la main sur un cadavre mutilé. Effrayé, il court avertir, montre sa triste découverte ; & l'on reconnoît que le malheureux suisse avoit été la victime de sa fidélité.

Le Président de *S...* écrivit un jour la lettre suivante à un inspecteur de Police. ,, Je vous demande justice, ,, Monsieur, de la nommée.... qui a donné à mon ,, *Jockey*, une maladie honteuse. C'est un garçon ,, charmant, dont les services me sont très-agréables, ,, & la perte de sa santé ne peut être punie que par ,, le séjour d'un an à l'hôpital. Je compte que vous ,, ferez là-dessus votre devoir. ,, L'inspecteur de Police, homme de beaucoup d'esprit, & réellement fort au-dessus de son état, a fait la réponse suivante. ,, Monsieur, si vous pouvez me prouver que c'est de ,, dessein prémédité que la nommée.... a gâté la ,, santé de votre charmant *Jockey*, je la ferai punir ,, comme elle le mérite ; mais je ne lui dois aucune ,, peine s'il a été la trouver, & s'il a pris chez elle ,, une maladie qui est devenue, comme vous le savez ,, très-bien, un effet d'échange & de commerce. Il

,, eſt des mers ſur leſquelles on ne peut voguer
,, qu’après avoir pris la réſolution d’en affronter tous
,, les dangers. En attendant votre réponſe, je vais
,, m’occuper de la ſanté de la malheureuſe ; je vous
,, conſeille de faire la même choſe pour votre *Jockey*,
,, ſi vous deſirez que ſes ſervices continuent de vous
,, être agréables : j’eſpere que cette lettre vous aura
,, convaincu que je ſais remplir tous mes devoirs. ,,
Le Préſident ſe l’eſt tenu pour dit, mais la nimphe a
répandu l’hiſtoire & on en rit un peu aux dépens du
Magiſtrat.

Un homme qui partageoit le ſort de la plupart des
maris de cette capitale, ſans être doué de la même
réſignation, a voulu ſe ſéparer de ſa femme.
Le jour convenu, on fait venir celle-ci à une aſſemblée de parens chez le magiſtrat. Les diſcuſſions
furent ſi longues qu’il étoit plus de neuf heures lorſque la ſéance finit, ſans qu’on décidât rien. Au
bout d’une heure, la femme revient, repréſente au
magiſtrat que les portes du couvent qui, ſuivant
l’uſage, lui ſervoit de demeure juſqu’à la déciſion de
l’affaire, étoient fermées, & lui demande un aſyle
pour elle & ſon domeſtique, afin de ne pas être
expoſée à de nouveaux ſoupçons de la part d’un mari
jaloux. Après quelques réflexions d’un côté & beaucoup d’inſtances de l’autre, le Juge fait préparer dans
ſon hôtel deux chambres convenables. Le lendemain
un frere du mari arrivant chez le Magiſtrat, reconnoît
ſous la livrée de ſon frere, l’amant de ſa belle-ſœur qui
lui donnoit le bras pour monter dans un fiacre.
Confondu & de l’apparition & du coſtume que portoit
le galant, il va demander à l’homme de robe pourquoi il rencontre à ſa porte & l’épouſe infidele &
l’homme qui cauſoit la déſunion des époux. On peut

fe figurer la furprife du magiftrat, en voyant que fa complaifance l'avoit conduit à être le M...... d'une coquine audacieufe. On a voulu étouffer cette affaire, mais la malignité a eu foin de la puplier. Dans l'état actuel des mœurs, il eft naturel que la conduite de la femme obtienne des fuffrages. On plaifante principalement fur la nature des fonctions que le magiftrat a bénignemént remplies, mais on s'accorde aufli à convenir qu'en affaires d'amour, les femmes poffedent au fuprême dégré le génie invectif qui fait triompher de tous les obftacles.

M. de *Montefquieu* a dit quelque part dans l'*Efprit des Loix*, qu'il étoit un tems où les femmes même devenoient un objet de luxe : il auroit pu dire qu'il en étoit un autre où elles devenoient un objet de négoce. Lorfque la dégradation des mœurs eft devenue générale, & que ce mot, *avilifſement*, ne révolte plus les oreilles, on négocie fa femme ou fa maîtreſſe comme une lettre de change ; on n'en va pas moins la tête levée, on rend fervice à ces amis, on y gagne quelque chofe, & on appelle cela, faire des affaires en faifant des ménages. Voici une anecdote où l'un de ces faifeurs d'affaires s'eft compromis un peu plus fort que de jeu. Il vivoit depuis trois ans avec une des fameufes Laïs de la capitale ; il avoit mangé une partie de fa fortune, & devenu raifonnable par impuiffance, il fe propofoit de renoncer aux vanités du monde, quand le hafard ramena de l'*Amérique* ici, un homme qui en étoit parti avec beaucoup de dettes & qui revenoit avec beaucoup d'argent. Après les premiers complimens, après les affurances de tout le plaifir que l'on goûtoit à revoir le nouveau débarqué, on lui fit part de la détreffe où l'on fe trouvoit & de la néceffité où l'on étoit d'abandonner une maîtreſſe charmante : bref, on la propoſa, & elle fut acceptée. Les conditions furent que l'ancien amant auroit le droit de reſter le commenſal de la maiſon en reſpectant toutefois les conventions nouvelles. La table étoit bonne, on fut exact de ce côté : ſur l'autre point on ne le fut pas, mais on s'entendit pour tromper le payant, comme cela ſe pratique. Au bout de quelque tems, un créancier de celui-ci ſachant qu'il étoit de retour & riche, propoſa au premier amant de lui donner la moitié dans quelques lettres de change preſcrites s'il parvenoit à les faire acquitter par le débiteur. On fit à ce ſujet un marché avec l'amante, on propoſa de partager le gain, enfin, après bien de difficultés, l'Américain conſentit à payer & remit la ſomme entiere ; la moitié fut fidelement envoyée au créancier, il fut queſtion de partager l'autre : débat pour le partage. L'agioteur reclamoit les deux tiers & la nymphe, l'égalité. Au bout d'une longue conteſtation, elle garda tout : ne voilà-t-il pas que ſon vil *caprice* porte des plaintes au Lieutenant de Police. Sur l'ordre que le magiſtrat donna à la fille de ſe rendre chez lui, elle demanda que ſon ancien & ſon nouvel amant comparuſſent avec elle, ce qui lui fut accordé. On peut juger de la ſurpriſe du magiſtrat, quand il entendit le récit fidele de l'aventure. La conteſtation n'a pas été longue, on a chaſſé honteuſement l'agioteur, le nouvel amant a abandonné ſa maîtreſſe, la fille a reçu ordre de faire remettre la ſomme au véritable créancier ſous une heure, & le créancier informé de tous les détails, a fait porter la ſomme à ſon curé pour être diſtribuée dans les vingt-quatre heures aux pauvres les plus néceſſiteux de la paroiſſe. Voilà une autre bonne œuvre dont la ſource eſt certainement bien impure.

Il eſt dans le Droit romain pluſieurs manieres d'ac-quérir. *Juſtinien* en a fait un titre particulier dans ſes Inſtituts. Un maçon de *Fons* en *Languedoc*, nommé *Pégourié*, peu ſatisfait de toutes celles qui ſont dénombrées dans les loix romaines, en voulut inven-ter une nouvelle à ſon uſage. Comme l'avare de *Moliere*, qui n'admiroit point un bon repas qu'il falloit payer, & exhortoit ſon cuiſinier à lui faire, pour chef-d'œuvre de ſon induſtrie, un repas délicat & ſomptueux, qui ne lui coûtât pas un ſou ; *Pégourié* ne ſe ſoucioit point d'acquérir une choſe, en donnant ſon prix en argent ou autre équivalent. Il convoitoit beaucoup, depuis long-tems, une piece de terre d'un de ſes voiſins ; mais il vouloit en devenir propriétaire, ſans bourſe délier. Cela paroît difficile à bien des honnêtes gens : voici le moyen de l'induſtrieux maçon : il choiſit pour confident un nommé *Debrieu*, laboureur de ſon voiſinage. Soit par ſon éloquence, ſoit en l'intéreſſant, il ſut l'engager dans ſes vues. Si *Debrieu* ne fut que complaiſant & généreux, c'eſt malheureuſement une eſpece de généroſité pour laquelle les lois n'ont point établi de reconnoiſſance. Quoi qu'il en ſoit du ſalaire, voici le pacte. Les deux amis conviennent enſemble que *Debrieu* ſe préſen-tera chez un tabellion un peu éloigné du lieu, ſous le nom du propriétaire du champ convoité, & que la vente ſe fera ainſi paiſiblement entr'eux deux. Un ſi beau projet s'exécuta ſans délai. Nos deux aſſociés vont, le 8 Juin 1781, chez un tabellion : *Je ſuis moi* Pégourié, *qui veut acheter telle piece de terre, & voilà* Tyſſeyre, *propriétaire de ladite piece, qui veut me vendre.* Il n'y eut que ces deux mots à dire. Le tabellion dreſſa l'acte : voilà la vente conſommée ; & les deux contractans ſortent tout joyeux. On conçoit pourtant qu'il devoit rester quelque petites difficultés sur la tradition de l'immeuble vendu. Il n'étoit pas aisé a *Pégourié*, malgré son acte en bonne forme, d'aller se mettre en possession du champ. Le véritable *Tysseyre* n'auroit pas été facile à déposséder sans bruit ni querelle. Apparemment que l'acquéreur, content de la propriété, se proposoit d'en laisser quelque tems l'usufruit au possesseur, ou se commandoit la patience d'attendre sa mort, ou enfin, espéroit de l'avenir ou de son génie quelque expédient nouveau pour donner à l'acte son effet. Un incident fort simple vint lui épargner les embarras. Soit indiscrétion de sa part (car les petits criminels sont quelquefois indiscrets par vanité,) soit propos échappés au faux vendeur la nouvelle de cette supercherie parvint, après quelque tems, au tabellion surpris. L'amour-propre de l'officier fut piqué de se voir dupe; & d'ailleurs l'intérêt de s'absoudre lui-même de tout soupçon de complicité avec ces deux faussaires, lui firent bientôt rompre le silence. Il remplit plainte contre les coupables. Ils ont été condamnés au bannissement par les Juges du lieu, le Parlement de *Languedoc* en confirmant cette sentence, y a joint en faveur de *Debrieu*, la formalité assez maussade d'une amende honorable.

Mademoiselle *Fanier* venoit de jouer un rôle d'officier : elle rentra dans la coulisse en criant : *Oh ils m'ont reconnue !* Le ventriloque *Desessarts* lui dit : *Vous ne faites donc pas comme certaine actrice de Londres....* & alors, en homme à qui la nature donna tout son esprit en mémoire, il raconta qu'une comédienne angloise dont il estropia un peu le nom (c'étoit de Mademoiselle *Wossigton* qu'il vouloit parler) après avoir joué avec le même succès un rôle d'homme, dit en rentrant au foyer : *Je parie que la moitié du public m'a prise pour un homme ;* qu'un de ses camarades lui avoit répondu : *Ne vous inquiétez pas, l'autre moitié est parfaitement assurée du contraire.* — Oh, dit la belle *Fanier,* la moitié du public ! c'est un peu fort. Mais peut-être le public de ce jour-là n'étoit-il composé que d'une cinquantaine de badauds.

Les annales du tripot comique offrent plus d'une scene sanglante. La bravoure n'est pas toujours une vaine simagrée chez les héros de théâtre. Le superbe *La Rive* & son confident *Florence* en ont, ces jours-ci, donné une nouvelle preuve. Le premier étoit *Semainier.* Prêt à paroître sur la scene, il s'apperçut que *Florence* n'étoit pas encore habillé, & lui fit d'abord des représentations fraternelles sur sa négligence. Le confident répondit avec humeur : alors le *Semainier* prenant le ton & le geste de son emploi, le menaça de le mettre à l'amende. On s'échauffe : *La Rive* traite son camarade de *poliçon.* Après la piece, *Florence* voulut avoir raison de cette injure : on s'entremit vainement : les graves histrions sermonerent, les femmes piaillerent ; enfin le suprême ordonnateur du tripot survint, interposa son autorité & défendit toute voie de fait. Cette défense n'eut aux yeux du Spadassin *Florence,* que sa valeur intrinseque ; le lendemain il alla trouver son adversaire & l'emmena au *champ de Mars.* Le combat fut opiniâtre, *La Rive* reçut une légere blessure & désarma *Florence.* Prenant en ce moment l'air de dignité du Chevalier *Boyard,* il dit au vaincu : *Allez, votre vie est dans mes mains ; je vous la rends avec votre épée & je vous répete que vous n'étes qu'un poliçon.* Là-dessus nos braves fe font féparés, font retournés chacun chez eux.

Un jeune homme de la premiere qualité, à peine forti des mains d'un gouverneur qui l'entretenoit dans une vertueufe ignorance de ce que nos jeunes gens favent le mieux, eft tombé amoureux d'une de nos plus décidées *impures* & il faifoit fort gravement le fiege de cette place dans toutes les regles. Il y auroit peut-être mis autant de tems que les Efpagnols à celui de *Gibraltar*, fans un petit événement qui a un peu décontenacé fa gravité en lui prouvant que fes yeux fafcinés n'apperçevoient pas d'énormes bréches. Il avoit bonnement cru avoir befoin de gagner une foubrette, & comme il avoit beaucoup de mefures à garder, parce que fes parens n'étoit pas gens à pardonner une *belle paffion* de cette efpece, il avoit dû fe procurer à grands frais un entrepôt pour les lettres & les préfens. Il n'avoit encore eu le *bonheur* de lorgner & d'être lorgné. Son extrême timidité n'avoit ofé tenter un abordage qu'il s'imaginoit terrible; mais enfin les réponfes à fes billets commençoient à devenir fi tendres, fi encourageantes, qu'au fortir du fpectacle, plus hardi que jamais, & tout fier de tant d'audace, croyant commencer de cet inftant feulement à être un homme du monde & à bonnes fortunes, il s'ouvre à l'un de fes gens, lui ordonne de fuivre cette Dame jufques chez elle, de la faluer de fa part & de lui demander à quelle heure elle voudroit recevoir fa vifite : le laquais, beau garçon nouvellement débarqué à *Paris*, fuit à la trace, arrive, entre, ignore qu'il eft fuivi pas à pas de fon maitre à qui le cœur palpite autant de crainte que d'efpoir. Et tout cela pour une *impure!* Il faut convenir que l'honnête gouverneur avoit bien *singulierement* élevé son bénévole pupile ! Notre amant transi se glisse dans la maison, monte l'escalier, se colle contre une porte que la belle a fait refermer après l'introduction du beau laquais. On se mords souvent les doigts pour avoir écouté aux portes ; vous jugerez bientôt si notre *Céladon* y gagna. — Madame, M. le Comte me charge, comme j'avois commencé de vous le dire au bas de l'escalier lorsque vous avez ordonné que je montasse, de vous saluer de sa part & de vous demander à quelle heure il pourra venir vous.... — Quoi ? venir ! une heure !... votre nom, mon ami ? — *La Brie*, Madame. — Mais.... *Julie*, savez-vous bien que *La Brie* est l'un des plus jolis garçons que j'aie jamais vus ? quels cheveux ! quelles dents ! quelle taille !.... & c'est la force d'un Turc..... & la peau ... comme du satin !... *Julie*, tournez la clef de cette porte. Votre maître est donc bien pressé ? Mais, mon enfans, les diamans qu'il m'envoya hier sont si petits ! je n'ai pas voulu le désespérer.... C'est ce jeune homme fluet, n'est-ce pas ? Oui, Madame. — Oh ! pour voir.... délacez-moi, mon cher ; cette *Julie* se fourre toujours je ne sais où... & ton message est un grand secret pour la maison ? — Tu sais donc garder un secret.... Eh bien ! je veux t'en confier un.... fort bien, comme cela.... *La Brie* est adroit.... il fait si chaud !.... Ote-moi cette épingle.... celle-ci.... soutiens-moi.... Mais je serai mieux assise. Je ne vis que sur mon canapé.... comme tu est fait... viens, nous sommes seuls... Tu es étonnant !... l'aimable garçon !... Ah ! le brave ! — M. le Comte n'y tenant plus (on perd patience à moins) veut entrer la porte résiste. *Julie* accourt au bruit par un autre côté, l'attire dans une autre chambre, interroge.

répond & pendant ce tems-là *La Brie* s'esquive. On sonne ; *Quel bruit est-ce donc*, dit une voix traînante ? --- M. le Comte qui croit que son laquais est venu & qui veut entrer. --- Bon Dieu ! ce M. le Comte veut-il dès la premiere visite, me passer ma chemise, me surprendre toute nue ? faites attendre un instant. --- Le jeune Comte, entendant quelqu'un qui descend l'escalier, sort, court, joint *La Brie* à quatre portes de là. --- Comment, coquin ! c'est ainsi que tu fais mes commissions ? j'ai tout entendu : je te rouerai de coups. --- Eh, M. le Comte ! mettez-vous à ma place.... croyez que malgré les deux louis qu'on m'a donnés & que voici, je vous aurois tout confié par respect.... Hélas ! je ne pouvois pas faire mieux. --- Je suis d'une fureur ... Un laquais ! ... je te chasse ... mais non, *reprend le Comte*, j'ai tort.... voici deux autres louis.... tiens... la leçon vaut davantage.... Où diable allois-je placer de l'amour ! ... Donne-moi tous les matins des nouvelles de ta santé. Ce sont deux expériences, morale & physique ; j'aime encore mieux que tu ayes tenté la derniere que moi. --- Le galant, la belle *impure* & le beau laquais raconterent tous trois fort plaisamment cette historiette. Tels sont les progrès de la *civilisation* dans les capitales, que peu de jours suffisent pour y former un *La Brie*.

M. *D'Auc...* Fermier-général, brouillé depuis long-tems avec son frere, étoit si fort en colere contre lui qu'il lui échappa de dire devant ses enfans : *Quoi il ne se trouvera personne qui me venge de cet homme-là ?* Le lendemain le plus jeune de ses deux fils demande dès le matin à lui parler & vient déclarer qu'il partage son ressentiment & veut en faire éprouver les suites à son oncle. Le pere lui représente le danger qu'il peut courir : le jeune homme persiste, & le vieux

D'auc.... finit par encourager sa valeur. Alors le bon fils dit à son pere qu'il n'a qu'une inquiétude ; on lui demande ce dont il s'agit : il développe une assez longue liste de créanciers, & dit que son seul regret, s'il succombe, c'est de faire tort à tous ces honnêtes gens auxquels il doit. Le pere touché de tant de courage & de délicatesse, se met à le consoler lui-même, & signe un arrêté général au bas de son mémoire. *D'auc....* le fils n'ayant plus rien qui l'inquiete s'en va fiérement chez son oncle le lendemain matin : mais au lieu de lui proposer de se battre, il lui fait un milion d'excuses de la part de son pere, & en signe de réconciliation, il prétend être chargé de le prier à diner pour le lundi suivant. Puis il retourne chez son pere & dit qu'il a bien su mettre son oncle à la raison, que celui-ci viendra faire ses excuses, & même demander à diner pour prouver qu'il n'est pas fâché. Il ne manqua pas de venir en effet comme son neveu l'avoit dit ; il est vrai qu'il ne demanda pas d'excuses, mais seulement à diner ; & c'est ainsi que ce jeune homme avec plus de dépense d'esprit que de courage vint à bout de réconcilier les deux freres & de payer ses dettes.

Un riche Américain & sa femme arrivent à *Paris* & se logent dans l'un des plus considérables hôtels garnis de cette capitale, avec leurs nombreux domestiques & un grand singe dont les mœurs sont si douces, dont l'éducation qui feroit honneur à la Comtesse de *G....*, a été si bien soignée qu'on lui laisse toute sa liberté & que jamais il n'en abuse. Dans cette même maison, logeoient depuis quelque tems, une jolie Dame de *Limoges*, à peine âgée de seize ans, & son jeune mari, couple charmant qui intéressoit tous

ceux

ceux avoient occasion de le connoître. Le mari étoit dangereusement malade : son danger & la douleur de son épouse affligeoient toute la maison. Ces deux étrangers sensibles demanderent à le voir, furent admis auprès de son lit & leur singe les y suivit sans qu'on s'en apperçut, tant on etoit pénétré du touchant spectacle dont on s'occupoit. Chacun indiqua son remede, comme cela se pratique; on n'en negligea aucun & le malade mourut. Le lendemain de ses funérailles, les maitres du singe allant diner chez le Dr. *Francklin*, leurs gens se disperserent & laisserent l'animal domestique à la garde d'un petit garçon qui l'abandonnant à lui-même alla jouer dans le voisinage. Le singe parcourt tout l'hôtel, entre dans l'appartement désert où le malade étoit mort & qu'on aëroit. Il prend quelques hardes qu'il trouve là, un bonnet, un ruban, il imite de son mieux le défunt & va se mettre dans son lit. Une femme de chambre ayant quelque chose à chercher auprès de ce lit, voit la hideuse figure, pousse un cri & tombe évanouïe. Un valet accourt, rappelle cette fille à la vie; elle reprend l'usage de ses sens, pousse un nouveau cri en montrant le lit à ce valet préoccupé & dit : l'*Esprit de Monsieur!* puis elle retombe sans connoissance. Le domestique s'enfuit, appelle; la jeune Dame arrive à ces clameurs, voit le bonnet de son mari, un visage affreux mais immobile, elle croit qu'on s'est permis un jeu abominable pour l'épouvanter & lui dechirer le cœur; elle ne peut que faire les gestes muets de la plus énergique indignation. Mais le visage se remue, fait des grimaces, contrefait les mouvemens de son époux malade, la frayeur est au comble & générale; on se heurte, on se précipite hors de cette chambre. Arrive le petit garçon qui craint d'être grondé & qui

M

cherche par - tout le finge. Cet animal qui vraifemblablement s'attendoit à fe voir choyé & fervi comme
il avoit vu que le malade l'étoit, & qui ne s'étoit
couché là, felon toute apparence, que pour boire
ou manger quelque chofe de bon qu'on ne lui apportoit pas, fe leve brufquement, quitte avec dépit manteau de lit, ruban, bonnet, & avec les marques les
moins équivoques d'un deffein formé, il va caffer,
brifer tout ce qu'il peut rencontrer de porcelaine,
glaces, fayance dont il avoit vu qu'on ufoit pour
préfenter ou du bouillon ou des médicamens au
moribond & rejoint fon gardien. La jeune Dame eft
encore fort incommodée de l'effet de la frayeur, fa
femme de chambre en a contracté un tremblement
prefque univerfel qui dure encore malgré les meilleurs
remedes ; le valet bon limoufin foutient qu'il a vu
le Diable, & l'on s'infcrit pour voir le finge.

Les Collecteurs de la paroiffe de *Louetault*, en
tournée pour recueillir les derniers de leur taille,
arriverent en la maifon d'un Journalier, & firent du
premier coup - d'œil l'inventaire de fon mobilier ?
une botte de paille & les vêtemens qu'il avoit fur
lui, furent reconnus pour tout fon avoir. Le fergent
de contrainte apperçut une *âne* qui partageoit la
demeure & peut-être le lit de fon malheureux maître.
L'âne fut faifi, conduit au marché, mis en vente, &
après plus d'une heure de criée, on alloit l'adjuger
pour trente fols, lorfque les Collecteurs touchés des
repréfentations de l'infortuné payfan, lui firent rendre
fon âne, qui pouvoit lui être utile, & dont le prix
n'eût pas payé les frais d'adjudication. Ce payfan
retournant chez lui avec fa pauvre bête, rencontra
un garde-chaffe, chargé d'un fort chevreuil qu'il
venoit de tuer : il lui offrit fon âne pour porter fa

chaſſe; la propoſition eſt acceptée; le garde arrivé chez lui tire de ſa poche quelqu'argent pour reconnoître le ſervice rendu; le payſan le refuſe, & témoigne ſeulement avoir envie de la peau du chevreuil. Le garde auſſitôt le dépouille & la lui donne. Le payſan de retour dans ſa chaumiere, dit à ſon âne : „ Ecoute-moi; dans ce monde plus on eſt brave, „ mieux l'on vaut; ſous ta peau d'âne ton corps „ n'a été priſé que pour trente ſols, ſous celle d'un „ chevreuil il ſera infiniment plus cher; il me faut de „ l'argent pour ces honnêtes collecteurs, qui n'ont „ pas voulu te livrer à un vil prix : il faut que „ dépouillé de ta peau je te revêtiſſe de celle de „ chevreuil que voici. „ Auſſitôt l'âne eſt cruellement décapité & métamorphoſé en chevreuil. Cette opération faite, il va trouver le marguillier de la paroiſſe, lui dit en confidence qu'il a tué la nuit derniere à l'affut un très-beau chevreuil, & l'engage, ſous le ſecret, à lui en procurer la défaite. Le marguillier ne perd pas de tems, court chez le curé, lui dit à l'oreille le ſecret du payſan : le curé en fait part au notaire; celui-ci au chirurgien; ce dernier aux grands gourmands du bourg : on ſe donne rendez-vous, & l'on ſe rend dès le ſoir même chez le prétendu chaſſeur. Chacun ſe fait livrer une portion du chevreuil, reconnu tel à la peau. Le concours des acheteurs fut ſi nombreux que ce malheureux âne de trente ſols, procura, ſous ſa métamorphoſe, juſqu'à deux louis d'or à ſon maitre. Le payſan va auſſitôt trouver le collecteur porte-bourſe, & paye la taxe à laquelle il eſt impoſé. Tout le bourg cependant doit ſe mettre en fête; M. le curé commence; vingt-cinq perſonnes ſont aſſemblées chez lui. Le premier & le ſecond ſervice diſparoiſſent comme un éclair; chacun se réservoit pour le rôt ; la fête étoit pour manger du chevreuil : enfin il paroît. On le dévoer des yeux : le curé s'empresse d'en faire les honneurs, son coûteau tranchant s'exerce ; chacun se trouve servi. Mais au lieu d'exclamations de la part des convives sur la délicatesse, sur le parfum du mets, ils se regardent les uns & les autres, se disant des yeux : ce n'est pas là du chevreuil... Il eût été malhonnête de s'en plaindre ouvertement, l'on se tait. Au sortir de table, plusieurs se disent tout bas : c'est sûrement de l'âne, M. le curé le sait sans doute.... Non, reprend un autre ; c'est certainement un tour qu'on lui a joué, & il nous le joue sans le savoir. A peine l'assemblée fut-elle séparée, que la meche fut éventée, & que le bruit se répandit dans tout le bourg que ceux qui croyoient avoir acheté du chevreuil, n'avoient acheté que de l'âne. Le paysan s'esquiva, & ses dupes finirent par rire de la supercherie.

La Comtesse D** desiroit une maison de campagne près du Bois de Boulogne. Elle jetta les yeux sur une maison charmante, située à *Auteuil*, & appartenant à la Marquise de *B** qui l'occupe avec la Comtesse *Amélie* sa fille. La Comtesse *D** écrit à Madame de *B** & lui fait la proposition de lui vendre tout-à-fait ou de lui céder pour l'année, la maison en question. La Marquise *D** est fort attachée à cette maison & sa fille encore davantage, cette derniere étant presque toujours d'une assez mauvaise santé. La Marquise cependant ne savoit trop comment se tirer de ce pas difficile : elle ne vouloit pas choquer une Dame si fort en faveur. Enfin la Comtesse *Amélie* se chargea de faire la réponse : elle envoya à la Comtesse *D** les dix vers suivans tirés de la troisieme scene du second acte de *Britannicus*, & elle y fit les petits changemens abſolument néceſſaires, pour que ces vers puſſent être adaptés à la cir-conſtance.

Tout ce que vous voyez conſpire à vos deſirs :
Vos jours toujours ſereins coulent dans les plaiſirs.
La Cour en eſt pour vous l'inépuiſable ſource,
Ou ſi quelque chagrin en interrompt la courſe,
Tout *Verſailles* ſoigneux de les entretenir
S'empreſſe à l'effacer de votre ſouvenir.
Mon *Amélie* eſt ſeule : en l'ennui qui la preſſe,
Elle ne voit qu'*Auteuil* & moi qui l'intéreſſe,
Et n'a pour tout plaiſir, que ces bois, que ces fleurs
Qui ſavent quelquefois adoucir ſes douleurs.

La Comteſſe *D*** reçut cette réponſe lorſqu'elle étoit en grande compagnie. Ah ! dit-elle, en la déca-chetant, c'eſt de Madame de *B*** qui probablement me cede ſa maiſon ; puis jettant les yeux ſur la lettre même : *Ce ſont des vers*, s'écrie-t-elle ! *quelle agréable ſurpriſe ! les femmes d'eſprit ne ſont rien comme les autres ;* & auſſitôt de lire rapidement cette petite piece de poéſie qui contient le refus le plus honnête. Ce refus tout honnête qu'il eſt, fit tort à la poéſie. *Ah ! quels vers ;* dit-elle avec dédain, *il n'eſt pas poſſible d'en faire de plus mauvais.* On les lit tout haut, & tous les aſſiſtans de répéter qu'il n'étoit pas poſſible d'en faire de plus mauvais. Tous ceux qui entroient, étoient condamnés à les lire & en bons courtiſans ne manquoient pas de s'en mocquer. Enfin entre la Marquiſe de *Voyer :* On lui montre ces vers *déteſtables* (c'eſt encore ainſi qu'on les appelloit) & on lui demande ſon ſentiment. Madame de *Voyer* n'a pas plutôt lu les trois ou quatre premiers,

qu'elle regarde toute l'affemblée avec un grand étonnement & fe met à leur dire : *Mais eft-ce que vous
êtes ici tous d'accord pour me perfiffler ? Ces vers-
là font de* Racine. On n'en veut rien croire ; on va
chercher *Britannicus*, & on les trouve. Cette aventure fait grand bruit à la ville & à la cour. Ce qu'il
y a de plaifant, c'eft que c'eft ce pauvre *Racine* qui
en eft la dupe ; quoiqu'il ne foit coupable de rien.
Les courtifans perfiftent à dire que ces vers font
déteftables.

M. le Duc de *Chartres*, en fe remettant à la tête
de la Franc-maçonnerie françoife en a fait renaître le
goût. On voit de toutes parts des loges s'élever. Un
pauvre diable qui s'imaginoit que l'objet de ces affemblées étoit de faire de l'or, eut envie d'en apprendre le
fecret. Il eut l'adreffe de s'infinuer dans une falle où
l'on tenoit loge & le courage de s'y tenir quelque
tems, caché derriere une tapifferie. Un mouvement
involontaire le trahit & on l'eut bientôt découvert.
On lui fit une belle peur, & fuivant les loix on
l'obligea à fe faire recevoir. La cérémonie faite &
après s'être beaucoup amufé de fa frayeur, les freres
fe cottiferent en faveur de ce malheureux & la quête
lui produifit feptante-cinq louis. Celui-là a bien eu
le véritable fecret, & fon efpoir d'apprendre à faire
de l'or n'a pas été déçu.

On a mandé de *Metz* une aventure que l'on affure
auffi vraie qu'elle paroît extraordinaire. L'exécuteur
de la haute Juftice de *Landau*, qui paffe pour très-
hâbile dans l'art de décoler, reçut une lettre anonyme
qui l'invitoit à fe rendre à un jour marqué, à la
porte de *Nancy* & à fe munir de fon damas. Lorfqu'il fut arrivé au lieu indiqué, trois hommes armés
fe faifirent de lui, en l'exhortant à fe laiffer faire. On

lui bánda les yeux, on le fit entrer dans une chaife de pofte. Après environ douze heures de chemin, on le conduifit dans une chambre tendue de noir & éclairée par plufieurs lampes. Là, on lui ôte fon bandeau, on lui montre une perfonne à genoux, ayant de beaux cheveux épars & la tête enveloppée dans un fac. Il entend des gémiffemens. On lui ordonne d'abattre la tête à cette perfonne. Il refufe, on le menace en lui mettant deux piftolets fur la gorge, il eft enfin forcé d'obéir. A peiné l'exécution eft-elle faite, qu'on lui remet une bourfe de deux-cens louis. On lui rebande les yeux, & après l'avoir promené dans la chaife de pofte le même tems qu'on avoit employé à venir, on le reconduit à la porte de *Nancy* où on l'avoit pris. Il ne put découvrir de quel fecte étoit cette malheureufe victime, ni dire en quel endroit il avoit été conduit : mais il croit avoir paffé le Rhin.

Au commencement du carême, un Financier pouffé par un mouvement involontaire de la grace, voulut enfin fe convertir. Il va à confeffe & s'y accufe d'avoir acheté un abbaye pour fon fils. Le Prêtre fcandalifé d'une pareille fimonie lui dit, qu'il ne lui donneroit point l'abfolution qu'il ne fe foit défait du bénéfice. Dans la femaine de Pâques, le Financier eft revenu dire au confeffeur, qu'il avoit exécuté fes ordres, que fon fils n'avoit plus le bénéfice, qu'il s'en étoit défait, que même il l'avoit revendu jufte ce qu'il lui avoit coûté, ne voulant point par délicateffe y gagner un fou.

Il eft mort, il y a quelque tems, à *Paris*, un ancien Confeiller au Parlement fort vieux & fort avare. Après avoir reçu tous les fecours fpirituels de l'églife, il voulut regler lui-même les frais de fes funérailles. Il demanda combien il lui en coûteroit pour faire sonner les cloches à son enterrement; on lui répondit cent écus. Il trouve cette somme exhorbitante, comme on peut bien le penser. *Cent écus*, disoit-il, *pour une pareille bagatelle, je n'en reviens pas : je ne conçois rien aux arrangemens de l'église : on m'a administré pour rien le plus auguste de tous les sacremens & l'on exige cent écus pour faire sonner de misérables cloches ; c'est bien là le cas de dire que si ces Messieurs donnent* gratis *leur farine, ils vendent leur son furieusement cher.* Ce Magistrat avoit porté la lésine à un point si éminent, qu'il auroit pu donner des leçons à tous les harpagons du monde. Il avoit renvoyé tous. ses domestiques & se servoit lui-même. Cependant il avoit encore la vanité de ne vouloir point passer pour ce qu'il étoit. De tous les habits de livrée qu'il avoit vendus, il en avoit conservé une seule manche qu'il passoit dans son bras, toutes les fois qu'il vouloit jetter de l'eau par la fenêtre, afin que les voisins ne s'apperçussent pas qu'il étoit sans domestiques. Si *Moliere* avoit connu un pareil trait, il n'auroit sûrement pas manqué d'en faire usage dans son excellente comédie de l'avare.

On raconte que M. le Comte de *Lauraguais*, allant un matin en *chenille* dans un fiacre, fut arrêté dans un embarras à côté d'une superbe voiture où étoit M. de *B.*, Intendant de Province, avec sa femme qui est de la figure la plus désagréable. M. de *B.* dit avec hauteur au fiacre de reculer. M. de *Lauraguais* répondit avec fierté & défendit au cocher de remuer. M. de *B.* demanda excuse au Comte, sous prétexte de ne l'avoir pas d'abord apperçu. *Qu'importe ce que je suis*, dit le Comte, *qui êtes-vous ici, Monsieur, pour parler d'un ton si haut au dernier particulier ?*

Mad. l'Intendante qui avoit jusques-là gardé le silence, s'écria que ce propos n'étoit gueres honnéte pour un homme de qualité, & en difant cela elle mit la téte à la portiere. *Ah! pardon, Madame*, dit M. de Lauraguais, *si vous vous fussiez montrée piutôt, le cocher, les chevaux, moi, tout l'équipage auroient reculé*.

Le jeune *Freron* s'est fait beaucoup d'honneur par la fermeté noble & décente avec laquelle il a foutenu la vive mercuriale du Lieutenant de Police fur la maniere dont il avoit traité le comédien *Défeffarts* dans fes feuilles. Les protecteurs de l'hiftrion exigeoient du Journalifte une rétractation en forme d'excufes. Le magiftrat fit venir *Freron* & lui ordonna d'ôter fon épée : *J'aime mieux*, dit-il, *rendre mon épée que ma plume*.

On lit dans une feuille publique, le récit fuivant qui peint affez bien une des claffes de nos citoyens.
* ,, J'étois hier chez un de mes amis. Une femme y
,, vint pleurer la mort de fon mari foldat invalide.
,, La fcene m'a paru fi plaifante qu'auffitôt que cette
,, veuve fut partie, j'ai demandé une plume & j'ai
,, tranfcrit mot pour mot ce qu'elle avoit dit. Mon
,, ami qui ignoroit la mort de l'invalide, lui dit :
,, Eh bien ! comment fe porte votre mari ?--- Bien,
,, Monfieur, bien, oh, très-bien. Le pauvre cher
,, homme, il a été enterré hier.... C'eft jeudi matin
,, qu'il me dit.... J'étouffe ; --- Tu étouffes, pauvre
,, Jacques, je l'appellois quelquefois comme çà par
,, drôlerie. Je te l'avois bien dit : c'eft ton afthme.
,, Mais pourtant refpire... --- Je ne veux pas. --- Ah,
,, que fi, ne fais donc pas tant le douillet ; mon Dieu,
,, que je fuis fâché de lui avoir dit ça ! car il ne
,, pouvoit pas. Çà le tenoit comme un plomb. Je lui

» fis boire la *portion de confeffion* d'hyacinte que le
» chirurgien m'avoit donnée. Çà coûtoit trente-deux
» fous ni plus ni moins, fans que je lui reproche
» au pauvre cher homme : mais çà ne paffoit pas.
» Quand je vis çà, je lui dis : Eh bien, Jacques, fi -
» j'envoyois chercher un Prêtre. --- Comme tu vou-
» dras. J'envoyai chercher le Prêtre, il fe confeffa,
» le pauvre cher homme. Il n'avoit pas plus de
» malice qu'un enfant, c'étoit tout un. Quand il fut
» confeffé : Eh bien, vois-tu, mon mari, c'eft toujours
» une fûreté, vois-tu ? on ne fait qui meurt ni qui vit,
» tu le vois. Çà ne fait ni bien, ni mal. On lui porta
» le bon Dieu à dix heures. Il étoit affez tranquille.
» Je croyois qu'il alloit s'endormir. Un petit moment
» après ; ma femme, ma femme.... --- Eh bien, que
» veux-tu ? --- Ah, mon Dieu, je vois les poëlons
» qui tournent. C'eft que j'avons quelques poëlons
» attachés à la muraille vis-à-vis de fon lit. Ah, mon
» Dieu, je me fauve, je cours appeller des voifins ;
» je reviens. Il étoit déjà mort. On ne l'auroit jamais
» dit ; le pauvre homme ! il n'a pas eu d'agonie. Il
» n'a pas fait de *frime* du tout : me voilà toute
» feule, fans homme. Je voyois bien qu'il n'iroit pas
» loin. Le jour de notre délogement qui étoit donc,
» il y eut mardi huit jours, il n'a jamais pu porter
» que quatre chaifes ; encore il fuoit. Il étoit fainéant,
» c'eft vrai : mais il ne me difoit rien. Le veux-tu
» blanc, le veux-tu noir ? c'étoit tout un ; & il faut
» que je rende toute à la compagnie, jufqu'à fes
» cravates, & j'en ai égaré deux, ou peut-être bien
» les a-t-il vendues, le pauvre homme, pour boire
» un coup d'eau-de-vie. Il n'avoit que ce défaut là.
» Plus d'homme, ô ciel, ô ciel, plus d'homme !
» il ne difoit pas grand chofe, mais encore c'étoit

,, une confolation de le voir là. Il me l'avoit tou-
,, jours bien dit. Va, cet afthme me jouera quelque
,, tour. Eh bien, vlà le tour.... le vlà. Encore fi c'étoit
,, un homme comme un autre, on diroit : mais
,, jamais rien. Il ne m'a caffé qu'un miroir en vingt
,, ans, encore, c'eft que je l'avois obftiné, & moi
,, je l'appellois quelquefois grand couard, grand
,, lâche, il ne répondoit pas plus que ce chenet.
,, Je me le reproche bien à préfent. Eh, mon Dieu,
,, plus d'homme ! je n'en trouverai plus un comme
,, cela : mais ce n'eft pas tout encore, il emmenera
,, quelqu'un de la famille, car il avoit une jambe
,, plus longue que l'autre quand on l'a mis dans la
,, biere. Il n'y a rien de plus fûr & certain. Adieu;
,, Monfieur, fon enterrement m'a coûté un louis,
,, au lieu que s'il avoit été enterré à l'hôtel, çà ne
,, m'auroit rien coûté, & puis on n'auroit que çà,
,, il faut bien que je lui faffe dire quelques meffes,
,, car il ne me laifferoit pas tranquille. Adieu,
,, Monfieur, ne m'oubliez pas, je vous en prie.....
,, Mon ami lui donna un louis, elle fit la révérence &
,, s'en alla. Que ne puis-je vous rendre les inflexions
,, de voix, les geftes, les foupirs, les larmes, & ces
,, paffages fubits du calme aux emportemens de la
,, douleur, dont cette femme animoit fa converfa-
,, tion ! cette fcene vous paroîtroit vingt fois plus
,, plaifante, car pour me fervir d'une expreffion
,, populaire, *c'eft le ton qui fait la mufique.* Mais
,, malheureufement tout cela ne *peut pas fe rendre*
,, *fur le papier.* ,,

Le fameux Fermier général *Bouret* a été un jour,
trouvé mort dans fon lit. Peu de jours avant, il
avoit annoncé fa fin à fes amis, ce qui a fait croire
qu'il s'étoit empoifonné. Avec des richeffes immenfes

il a eu le secret de vivre toujours dans la gêne & il étoit prêt à tomber dans la misere ; il a laissé cinq millions de dettes & est mort presqu'insolvable. Un faste & un luxe dont on ne peut se faire d'idée, l'ont réduit là ; il les poussoit au point d'avoir nourri une vache avec des petits poids verds à 150 livres le litron, pour pouvoir en régaler dans la primeur, une femme qui ne vivoit que de lait. Il y a de lui mille traits de cette nature.

Une petite fille très-jolie étoit prête à se marier. On ne pouvoit assez admirer son air virginal. Son prétendu soupe avec elle chez ses grands parens. Elle suppose une incommodité & se retire dans son appartement. On croit procurer à l'époux futur un avant-goût du bonheur dont il doit jouir bientôt ; on le mene auprès de sa maîtresse pour savoir par elle-même des nouvelles d'une santé qui doit intéresser un amant empréssé de former le nœud conjugal. Le pere & la mere entrent les premiers, suivis du prétendu. Quel spectacle pour leurs regards : le pere laisse d'effroi tomber la lumiere. La jeune vierge étoit couchée entre deux moines........ On ne sera pas tenté de demander ce que devint l'aspirant à la couche nuptiale. La chaste Demoiselle a été enfermée à *Ste Pelagie*, couvent où l'on soumet à une exacte clôture, les femmes un peu trop indulgentes pour leur lubricité.

Notre fameux Arlequin *Carlin* fut invité par un de ses amis à aller manger à table d'hôte. Le hasard le fit placer devant un homme qui ne s'occupoit qu'à manger & qui ne se mêloit en rien de la conversation, quelqu'intéressante qu'elle pût être. *Carlin* devina la raison qui empêchoit ce convive de prendre part à la conversation qui avoit été fort gaie. Il prit un verre de vin & en s'inclinant d'un air riant & gracieux, lui dit tout haut : *Monsieur , allez-vous faire F.....* Tous les affistans fe regarderent avec un étonnement qui fut fuivi d'un grand éclat de rire, lorfque celui à qui *Carlin* s'étoit adreflé , répondit fort civilement , *Monfieur, vous êtes bien poli , vous me faites bien de l'honneur.* C'étoit un fourd qui n'ayant point entendu le propos d'Arlequin, s'étoit imaginé, à l'air affable de ce dernier, qu'il lui faifoit l'honneur de boire à fa fanté.

Un Cordelier alloit à pied prêcher dans un village éloigné de dix-huit lieues de cette capitale : il ren-contre un jeune homme âgé tout au plus de quinze à feize ans, n'ayant point encore de barbe & d'une figure très-agréable, lequel alloit occuper une place de commis aux aides dans une ville voifine du village où le Moine alloit fermoner. Ils lient converfation & pourfuivent enfemble la même route. Chemin faifant, le jeune homme fe plaint de ne pouvoir changer de linge ; le fien eft exceffivement fale , fa malle etoit partie par le coche ; il apperçoit dans une prairie au bord d'une petite riviere , du linge nouvellement blanchi & étendu fur des cordes pour fécher. Il demande au Cordelier s'il ne pouvoit pas fans crime ou fans péché troquer fa chemife qui etoit toute neuve contre une de celles-là. Après avoir quelque tems réflechi , le Moine lui dit qu'il n'y voyoit aucun inconvénient. Alors le jeune homme fe déshabille , prend la chemife la plus feche & remet la fienne à la place. En la paffant, il s'apperçoit que c'eft une chemife de femme. Il n'y en avoit pas d'autres ; & pareffeux de fe remettre encore nud, il fe decide à la garder telle qu'elle eft ; nos voyageurs continuent leur route. La nuit les furprend. Ils font obligés de s'arrêter à une auberge où il ne fe trouve qu'un lit de vacant. Les deux voyageurs consentent à y coucher ensemble. Ils soupent gaiement & comme ils étoient très-fatigués, ils se mettent au lit & s'endorment tout de suite. Vers les onze heures du soir, la maîtresse de l'auberge fait sa ronde ordinaire dans les chambres, pour voir si tout est en bon ordre. Elle entre dans celle de nos voyageurs. Elle trouve le Moine qui ronfloit de toutes ses forces, & le jeune homme à ses côtés, les bras étendus, la gorge découverte, formant un contraste frapant avec le gras Franciscain. A l'air efféminé & sur-tout à la chemise du jeune compagnon, elle ne doute point que ce ne soit une fille qu'il a débauchée. Très-scandalisée de ce que sa maison sert à de pareilles intrigues, elle réveille le Moine, le tanse très-vertement, & envoye le jeune homme coucher pour plus de décence avec sa propre fille âgée de quatorze ans, très-fraîche & très-jolie. Vous devinez bien que le jeune homme ne se fit pas beaucoup prier ; qu'il n'employa point toute la nuit à dormir, & que la fille de l'hôtesse s'accommoda fort bien d'une pareille compagnie : mais une chose qui a fort surpris la bonne mere, c'est qu'au bout de neuf mois sa fille qu'elle avoit toujours surveillée avec la plus scrupuleuse rigueur, accoucha d'un beau garçon.

Un Contrebandier a joué un tour plaisant à la ferme générale. Depuis plusieurs années, il sortoit de Paris en carrosse comme pour aller à une maison de campagne & revenoit tous les soirs. Alors il mettoit derriere sa voiture deux laquais habillés l'un comme l'autre. Un de ces deux laquais étoit d'ozier & creux. On le remplissoit tous les jours d'une très-grande quantité de marchandises prohibées. Lorsqu'on arrivoit à la barriere, le laquais qui n'étoit pas d'ozier descendoit, ouvroit la portiere aux commis, qui accoutumés à voir le maître de la voiture, ne fe donnoient pas la peiné d'examiner ce qu'elle contenoit & fe contentoient d'un léger coup d'œil. Le laquais poftiche reftoit derriere, & l'autre, après l'examen fait ou cenfé fait, remontoit à fon côté. Il y avoit long-tems que cet homme avoit fait heureufement ce métier-là : mais il a été découvert ayant été trahi. On a arrêté fa voiture, on l'a mis en prifon & il n'en fortira pas qu'il n'ait payé une très-groffe amende.

Le célebre Abbé *Prevoft* foupoit un jour avec quelques amis intimes, pareillement hommes de lettres. Après qu'on eut épuifé la politique, la littérature, l'hiftoire du jour, la converfation infenfiblement tomba fur la morale. Un des convives avança que le plus honnête homme ne pouvoit répondre de ne jamais fubir les fupplices réfervés aux criminels; ajoutez, dit l'Abbé *Prevoft*, ni même de les mériter. Chacun fe récria fur cette derniere affertion. Oui, Meffieurs, reprit l'Abbé, je vous foutiens qu'on peut très-bien avec un bon cœur, une ame droite, avoir le malheur de commettre un crime qui çonduife a l'échafaud. On dit que ce n'étoit guere poffible. Meffieurs, continua-t-il, vous êtes tous mes amis; je puis compter fur votre difcrétion, & vous faire en toute affurance une confidence que je n'ai encore ofé faire à perfonne. Vous me croyez tous honnête homme? Chacun dit qu'il ne doutoit nullement de fa probité. Eh bien, pourfuivit l'Abbé, je me fuis pourtant rendu coupable du plus grand des forfaits, & il s'en eft peu fallu que je n'aie péri de la mort la plus ignominieufe. Chacun crut d'abord qu'il plaifantoit. Rien, dit-il, n'eft plus férieux. On fe regarde avec furprife. Puifqu'il faut vous le dire, moi, j'ai tué mon pere. On ne fait ce qu'on doit croire. On le preffe

d'expliquer cette énigme. Il pourſuit ſon hiſtoire
ainſi. ,, En ſortant du college, je devins amoureux
,, d'une petite voiſine de mon âge : je m'en fis aimer :
,, j'obtins tout ce que peut deſirer un amant. Enfin
,, elle ne tarda pas à porter des fruits de ſa foibleſſe.
,, J'étois enivré d'amour. Je deſirois d'étre ſans ceſſe
,, à ſes côtés. Je paſſois tout mon tems avec elle. Mes
,, parens me preſſoient de choiſir un état. Je ne vou-
,, lois que le plaiſir d'adorer ſecrétement ma maîtreſſe.
,, Toute autre occupation me ſembloit faſtidieuſe :
,, mon pere, qui conçut quelque ſoupçon ſur les
,, motifs de cette indifférence m'épia, me ſuivit &
,, parvint à découvrir mon intrigue. Il vint un jour
,, chez ma maîtreſſe groſſe de trois ou quatre mois,
,, dans le moment même que j'y étois. Il lui fit en
,, ma préſence des reproches amers ſur la liaiſon
,, criminelle qu'elle entretenoit avec moi. Je gardai
,, le ſilence. Il lui reprocha encore qu'elle mettoit
,, obſtacle à ma fortune. Elle voulut ſe juſtifier. Il
,, l'accabla d'injures ; elle pleura. Je la défendis :
,, mon pere devint furieux, & enfin s'enflamma
,, tellement, qu'il s'oublia au point de frapper cette
,, infortunée. Il lui donna même un coup de pied
,, dans le ventre. Elle tomba ſans connoiſſance.
,, A ce ſpectacle je perdis la tête, je me jettai ſur
,, mon pere ; je le précipitai à travers l'eſcalier. Cette
,, chûte le bleſſa ſi dangereuſement qu'il mourut le
,, ſoir même. Il eut la généroſité de ne me point
,, dénoncer. On crut qu'il étoit tombé naturellement.
,, On l'enterra & je fus ſauvé par ſon ſilence, de
,, l'opprobre & des ſupplices. Cependant, je n'en
,, ſentis pas moins toute l'énormité de ma faute. J'ai
,, long-tems conſervé une douleur morne & taciturne
,, que rien ne pouvoit diſſiper. Je réſolus d'aller

dans

„ dans la solitude d'un cloître enfevelir mes regrets
„ & mon affliction, & j'embraffai l'ordre de *Clugny*.
„ C'eft peut-être à la mélancolie profonde que cette
„ premiere erreur de ma jeuneffe a répandue fur le
„ refte de mes jours, que je dois le choix des événe-
„ mens tragiques, des fituations terribles, des cou-
„ leurs fombres & lugubres dont font remplis les
„ romans que j'ai publiés. „ Les amis de l'Abbé
écoutoient cet aveu avec une attention mêlée de
furprife & d'horreur. Ils ne pouvoient fe perfuader
que cela fut vrai. Ils s'imaginerent que l'Abbé *Prevoft*
voulant faire ufage de ce trait dans un de fes romans,
avoit effayé, en le racontant, l'impreffion qu'il pourroit faire. Ils lui ont plufieurs fois demandé la confir-
mation de cette aventure. Il a toujours perfifté à leur
en affurer la réalité.

Un Financier qui avoit une femme fort galante
étant en tournée, elle profita de fon abfence pour
fe livrer à toutes fes fantaifies. Le dérangement de
fa conduite fut fi confidérable qu'il vint aux oreilles
de fes parens qui lui en firent des reproches ; elle
leur promit de changer fa façon de vivre : elle le fit
feulement en apparence ; elle loua une petite maifon
& y faifoit fouvent de ces foupers libres où l'indécence regne fur le trône de la volupté. Elle avoit
fur-tout un goût décidé pour le vin de champagne ;
elle n'ignoroit pas que fon mari en avoit d'excellent.
Comment le faire fortir de la maifon, fans mettre le
maître d'hôtel dans la confidence ? un de fes amis lui
fournit un expédient. Feignez, lui dit-il, d'avoir une
de ces maladies auxquelles votre fexe eft malheureufement affujetti. Envoyez-moi chercher comme un
médecin étranger. Je ne fuis prefque point connu de
vos gens, je me déguiferai & je me charge du refte.

Ce qui fut dit fut fait. Le médecin eſt appellé : après bien du verbiage, il demande le vin de Champagne le plus vieux & le meilleur ; il le fait bouillir avec une poudre qu'il diſoit avoir beaucoup de vertus & ordonne à Madame de s'en faire tous les jours un bain. Son ordonnance eſt exécutée. Le maître d'hôtel apportoit tous les matins, pour la ſanté de Madame, trois bouteilles de l'excellent vin de Monſieur. La femme de chambre qui étoit dans la confidence, les envoyoit à la petite maiſon ; par ce moyen on vit la fin de la cave. Le mari à ſon retour donnant un grand ſouper, demanda de ſon bon vin de Champagne. Il n'y en a plus, lui dit-on. Comment ? reprit-il, j'en ai laiſſé plus de deux cens bouteilles. Cela eſt vrai, répondit le maître, mais Madame dans ſa maladie s'en ſervoit tous les matins pour ſes propretés. Parbleu, s'écria le Financier, je ne ſuis plus étonné qu'il ait fait tant de ſottiſes puiſqu'il s'enivroit tous les matins.

Un Prédicateur très-connu à Paris, s'aviſa de prêcher un jour ſur la frugalité, devant les filles de *l'Ave Maria*, un des ordres les plus rigoureux qui exiſtent ; ces Religieuſes étant obligées de jeûner toute l'année. Elles ne mangent que des racines cuites dans l'eau avec du ſel. Ces bonnes filles ont pris ce ſermon pour un perſifflage aſſez déplacé : il eſt d'uſage de donner une collation au Prédicateur, & ordinairement chez les religieuſes, ce repas eſt friand & recherché : mais celle-ci voulant ſaintement ſe venger de leur ſermoneur, ne lui firent ſervir qu'un morceau de pain ſec & une caraffe d'eau. Le Prêtre étonné en demanda la raiſon à une ſœur converſe. *Monſieur*, lui repartit cette derniere, *nous vous avions apprêté une meilleure collation ; mais votre fermon a tant fait d'impreſſion ſur nous que nous avons craint de vous la préſenter.* Le Prédicateur ſentit ſa faute & s'en alla ſans ſe vanter de la punition.

Madame de *** mariée depuis très-peu de tems bailloit beaucoup avec ſon mari. Celui-ci ayant demandé ſi elle s'ennuyoit avec lui. *Non, Monſieur,* répondit-elle : *mais vous & moi nous ne faiſons qu'un & je m'ennuie quand je ſuis ſeule.* Il n'y a qu'une femme à qui il puiſſe échapper une ſaillie auſſi naïve & en même tems auſſi ingénieuſe.

Le Comte de.... prétendoit ſe connoître parfaitement en tableaux. *De qui eſt ce Chriſt ?* lui demanda un jour le Roi, en lui montrant un ſuperbe morceau qui repréſentoit *N. S.* ſur la croix.... *Votre Majeſté veut rire,* répondit le Comte, *& s'amuſer à mes dépens ! — Mais enfin, parlez donc, à quel maître l'attribuez-vous ? — Eh, Sire, il eſt ſigné & le nom eſt offert aux yeux de tout le monde ; mes connoiſſances me ſont inutiles en cette occaſion, il faudroit que je fuſſe aveugle pour ne pas lire d'une lieue,* INRI. On peut juger comme toute la Cour ſe prit à rire. Cet exemple ſe renouvelle tous les jours ſous mille formes différentes.

Un bon Notaire de Paris qui aime beaucoup les femmes & qui n'a aucun droit à leur plaire, même celui que donne une main libérale, cherchoit la ſociété de celles qu'une modique rétribution rend complaiſantes. On ſait qu'elles ſont ici en grand nombre & qu'il y a dans cette capitale une quantité de magazins où l'on vend du plaiſir & des regrets cuiſans à tout prix. Un jour mon vieux gaillard apperçoit une aſſez jolie femme à une fenêtre qu'il croit ſuſpecte ; il monte. *Peut-on s'amuſer ici, en payant, dit-il en* fe préfentant à la Dame ? Celle-ci, fans fe déconcerter le fait affeoir. A un figne qu'elle donne, la fervante va chercher le mari, il paroît. — Monfieur, paffez dans mon cabinet, c'eft moi qui fais les honneurs ici.... Le pauvre Notaire voit qu'il s'eft abufé & tremble pour la fin de l'aventure. — Paffez donc, Monfieur, lui dit le mari, en le pouffant brufquement dans une autre piece.... Il faut s'y réfoudre ; le Notaire obéit : là on lui fait, au moyen de quelques menaces, figner un billet de mille écus au porteur ; il part fort content encore d'en être quitte pour un engagement contre lequel il efpere bien protefter. Arrivé chez lui, fa femme lui préfente fon billet & lui en demande le payement fur le champ. — Je ne puis, Monfieur, lui dit-elle, vous donner un inftant de répit, ce n'eft qu'à ce prix que je puis oublier les fottifes que vous faites journellement. Il eft trop foible encore pour la patience que j'ai de les endurer... Si quelqu'un a jamais été furpris, c'eft le Notaire de voir cet effet entre les mains de fa moitié, à laquelle la jolie & honnête femme l'avoit envoyé fur le champ. La crainte de l'éclat, l'habitude peut-être de céder, la honte, le defir d'effacer les traces de fa faute, l'emporterent fur fon avarice & le bon vieux paya fans s'amufer, ce qu'il deftinoit à fe procurer *mille* délicieux momens. Quel défefpoir de confumer ainfi ce qui auroit fuffi pour vingt années de plaifirs ! on dit que cette aventure l'a rendu fage par économie, quoique fa femme à ce prix lui auroit vraifemblablement tout permis.

Une Femme fortie pour aller fe baigner au commencement de l'été, ne reparut plus. On fit des recherches, on tira de l'eau un cadavre féminin, & quoique défiguré on crut le reconnoître : on l'enterra fous le nom de la femme qui fe trouvoit perdue. L'homme veuf vient de mourir fans enfans ; une femme fe préfente & fe prétend la fienne : elle réclame en cette qualité l'effet d'un don mutuel par contrat de mariage. Elle eft tellement changée que perfonne ne la reconnoît. On voit qu'elle vient d'avoir la petite vérole. Rien n'eft plus difficile à juger que cette caufe, dont nos tribunaux vont retentir. Il s'agit d'une fortune confidérable fur laquelle les collatéraux avides avoient déja jetté les yeux. La mort de cette femme qui reparoît, femble conftatée par les regiftres de fépulture & les témoins qui les ont foufcrits, cependant beaucoup d'honnêtes gens ne doutent point que celle qui fe préfente ne foit la véritable.

Un Militaire fils de M. de *Cafe* Fermier général s'eft battu en duel au piftolet avec le fils de M. de la *Reyniere* auffi Fermier général, & voici pourquoi. M. de la *Reyniere* étant au parterre de l'Opéra, à une des dernieres repréfentations d'*Armide*, fe fentit extrémement preffé par la foule. *Qui eft-ce donc, s'écria-t-il, qui pouffe de cette maniere ? c'eft fans doute quelque garçon perruquier.* M. de *Cafe* qui étoit là lui répondit : *c'eft moi qui pouffe, donne-moi ton adreffe, j'irai demain te donner un coup de peigne.* Le lendemain ils fe font joints, fe font rendus aux champs élifées & en plein jour devant plus de trois mille perfonnes, ils fe font battus au piftolet. Le Militaire a été la victime de ce combat, un coup de piftolet lui a crevé les yeux & labourré la tête ; il n'eft pourtant mort que quelques heures après.

Un de nos jolis hommes, qu'un grand mérite, c'eft-à-dire, l'art de plaire par mille riens charmans

& toutes les frivolités à la mode, avoit fait parvenir à une place éminente, laiſſoit depuis un an la perſévérance d'un jeune homme auquel il avoit promis un emploi. Un beau jour le ſolliciteur réuſſit à faire lire un placet à ſon protecteur. Celui-ci le trouva ſi bien fait qu'il lui en demanda qui en étoit l'auteur. C'eſt moi, Monſieur, répondit très-humblement le jeune homme, & je l'ai mis en vers pour vous le préſenter dans le cas où vous préféreriez la poéſie à la proſe. A ces mots le front du patron ſe dérida. Voyons, lui dit-il, & après les avoir lus : Diable ! s'écria-t-il, il y a de l'imagination dans ces vers, je voudrois les avoir faits. Monſieur, dit le poſtulant, je les ai mis auſſi en muſique. Cela eſt ſi curieux, répond l'homme en place, que je veux le voir. --- Je ferai plus, Monſieur, faites-moi donner un violon & je le jouerai. La propoſition fut acceptée ; le mémoire fut joué & l'on en fut enchanté. --- Ce n'eſt pas tout, Monſieur, reprit encore le jeune homme, ſi vous vouliez vous donner la peine de prendre le violon (car je ſais que vous êtes grand muſicien), je vous le danſerai. Cela parut ſi plaiſant au protecteur qu'il joua auſſi le mémoire pendant que le ſuppliant le danſoit. Après cette eſpece de comédie, il lui ſauta au cou. Vous êtes un homme unique, lui dit-il, je vous fais mon ſecretaire & dès demain vous entrerez en fonctions ; je vous donne de plus la place de chef dans tous mes bureaux.... L'homme qui ſavoit faire des vers & de la muſique, danſer & jouer du violon, & pas un mot de la beſogne qu'on lui confioit, fit le chemin le plus rapide.

Un Avocat qui plaidoit pour l'état d'un garçon en bas âge, le fit trouver à l'audience. Dans la péroraiſon de ſon plaidoyer qui fut aſſez touchante, il s'apperçut que toute l'assemblée étoit émue & pour déterminer plus sûrement les larmes, il prit entre ses bras l'enfant qui se mit à pleurer & à crier de son mieux. Tout l'auditoire vivement touché s'intéressoit au sort de cette victime. Mais l'Avocat adverse s'avisa de demander à l'enfant ce qu'il avoit pour pleurer si fort. --- *Il me pince*, repartit le petit innocent ; alors tous les spectateurs qui pleuroient, se mirent à rire & à huer l'orateur qui avoit employé, pour les séduire, une aussi méprisable supercherie.

Un homme qui vient d'obtenir une place considérable la doit à un événement assez singulier où il a fait preuve de cette industrie & de cette hardiesse qui ont presque toujours été couronnées du succès. Sans fortune & sans considération, quoiqu'il en méritât peut-être, parce que l'une est la suite de l'autre, il sollicitoit depuis long-tems un protecteur en sous-ordre qui lui avoit fait de belles offres, pour qu'il le présentât à M. le Duc de *** duquel dépendoit la place en question. Un jour, il rencontre le Duc dans une promenade publique ; il l'accoste d'un grand coup sur l'épaule & d'un *Bonjour mon ami*.... Le Duc se retourne ; mon homme d'un air surpris s'étend en humbles excuses & semble *anéanti* : feignant de revenir à lui, il supplie le Duc qui vouloit continuer sa marche, d'écouter sa justification ; il l'avoit pris pour M. D*** qu'il étoit très-empressé de rencontrer, parce qu'il lui avoit promis de le présenter le jour même à M. le Duc de ***. *Mais*, reprend le Seigneur, *ce Duc de ***, c'est moi*. Nouvelles protestations de regrets, de confusion, &c. --- *Eh bien, que me vouliez-vous ? pour quel objet desiriez-vous de m'être présenté ?* --- *Ah, M. le Duc, je ne dois m'occuper en ce moment qu'à obtenir la grace de mon étourderie ; je n'ai plus* *rien à demander à M. D*** que de vous supplier de la pardonner. — Parlez, à quoi puis-je être bon ?* Enfin, après quelques façons, mon homme ravi du fuccès de fon ftratagême, préfente fa requête au Duc & profite des difpofitions où la fingularité de l'aventure l'avoit mis, pour l'intéreffer en fa faveur. Le Seigneur accueille fa demande, lui promet de s'en occuper & l'invite à diner pour le lendemain. Mon homme ne manque pas de s'y rendre ; la premiere perfonne qu'il rencontre chez M. le Duc eft M. D*** le même qui avoit éludé de le préfenter & dont il avoit fi adroitement employé la protection malgré lui-même ; il lui raconte tout ; M. *D**** ne peut pas reculer & eft forcé d'aller à la rencontre du Duc qui arrive un inftant après & de lui demander fes bontés pour le folliciter. *Vous venez trop tard,* lui répond le Seigneur, *M. ne doit qu'à lui-même ce qu'il defiroit obtenir, il peut paffer à mon fecretariat, on expédie le brevet.* Après le diner, mon homme en effet retire fes patentes, & l'on ne doute pas qu'une imagination auffi heureufe ne le mene fort loin.

Le Domeftique du Marquis *de la Salle* étoit marié depuis peu, & n'en confervoit pas moins fes affiduités auprès d'une ancienne connoiffance, qu'il avoit fû rendre l'amie de fa femme. Comme fur ces fortes de myfteres, les femmes font clairvoyantes, leurs foupçons les conduifent bientôt à la conviction qu'elles craignent : ce n'eft pas qu'elles voyent toujours la vérité, mais leurs oreilles font fubtiles, & la calomnie s'y grave facilement. Celle-ci devint furieufe, en apprenant les fredaines de fon mari. Une femme n'eût rien avoué ; c'eft-là le grand, le feul chapitre de leur difcrétion : lui bonnement fe déclara coupable & promit de ne rien diftraire à l'avenir, du devoir conjugal.

Promettre & tenir font deux, il revit de très-près le
fruit défendu ; fa femme l'apprit encore, & de ce
moment jura la perte des coupables. Elle modera
pourtant les effets de fa vengeance, & ne s'attacha
qu'à punir *la partie pécherefle* de l'un & de l'autre.
Pour y parvenir, elle feignit d'ignorer la continuation
de leurs familiarités ; elle attira chez elle la favorite
de fon époux, & profita d'une vifite qu'elle en reçut
dans l'abfence de fon mari, pour lui jouer fa petite
piece. Elle étoit munie de cordes, & s'y prit de telle
maniere qu'elle parvint à garotter la donzelle, dont
elle prolongea les douleurs, en lui ôtant brin à brin,
non pas ce qui environne les yeux, mais autre
chofe.... Après l'avoir ainfi humiliée & fuftigée, elle
la chaffa honteufement. Quant au mari, fon traite-
ment a été un peu plus ferieux. Ignorant la fcene
qui venoit de fe paffer, il entre tranquillement & jouit
de la fécurité que lui devoient infpirer les careffes
perfides de fa femme ; la nuit vient, il fe couche :
la femme prétexte quelque befoin, & paffe dans une
chambre voifine. C'eft-là ou à l'exemple de *Canidie*
elle compofe fa mixtion infernale, de plomb, d'huile
& de refine, la met en fufion fur le fourneau, &
profite du fommeil de fon mari pour fuppléer, par
cette afperfion balfamique, à ce qu'on appelle ampu-
tation. Jugez des cris du malheureux : jugez fur-tout
du caractere de cette petite race vindicative.

Les cérémonies nocturnes de *Noël* ont fouvent
fervi d'époques à des fcenes fcandaleufes. L'églife de
S. Roch, qui paroiffoit être le rendez-vous de nos
Ribauds & de nos *Catins*, a enfin ceffé d'être le
théatre de mille horreurs, depuis que le fameux
Balbâtre n'y fait plus raifonner fur l'orgue fa brillante harmonie : mais les filouteries ont fuccédé aux

indécences , & celle que l'on a faite dans l'églife
S. Sulpice eft auffi plaifante que hardie. Le Curé
faifoit la quête , fuivant l'ufage, précédé d'un fuiffe
& fuivi d'une fœur. Un groupe de bons apôtres, raf-
femblés comme par hafard, ferrent M. le Curé l'em-
braffent & le font trébucher au point qu'il laiffe tomber
fa bourfe. Chacun paroit animé d'un faint pour
ramaffer les écus de M. le Curé ; la fœur quéteufe
qui le fuivoit fe baiffe également pour aider. Un malin
faifit le tems, & lui gliffe fa main fur la cuiffe. Elle
fait un cri, & laiffe auffi tomber fa bourfe. Le drôle
s'y attendoit, il la faifit & s'enfuit. Cette fcene excite
de la fermentation ; chacun des filoux en profite pour
s'évader, emportant avec lui les écus qu'il avoit glanes
fur M. le Curé.

Extrait d'une Lettre écrite du Château de Ham
en Picardie, *le* 11 *Mars* 1781.

„...... En 1753 ou 1754, on a amené au château
„ de cette Ville, en vertu d'un ordre du Roi, M. le
„ Comte de *Lautrec*, Capitaine de Dragons. Il a été
„ depuis ce tems enfermé dans un cachot obfcur,
„ privé de feu & de lumiere, de tout vêtement
„ même, à l'exception d'une mauvaife redingotte
„ qui lui couvroit à peu près la moitié du corps,
„ & d'ailleurs déchirée & mangée par les rats qui
„ ont jufqu'à préfent partagé la mauvaife nourriture
„ qu'on lui donnoit. Ce gentilhomme eft refté pen-
„ dant vingt-huit ans dans cet état d'abomination
„ & d'horreur ; quelqu'un l'y a vu. Des rats très-gros
„ étoient couchés avec lui dans l'efpece de lit fur
„ lequel il prenoit fon repos ; comme il étoit un
„ être étranger pour eux, ils fe font difperfes dans

,, différens coins de son cachot, aussitôt qu'il y fut
,, entré. Il balançoit à reconnoître le malheureux
,, Comte de *Lautrec* pour appartenir à l'espece
,, humaine, une barbe d'une grandeur énorme mêlée
,, avec sa chevelure, infectée d'ordures ; des animaux
,, qui partageoient sa retraite, couvroient une portion
,, de son buste. Ces ordures répandoient dans le
,, cachot une odeur suffoquante. M. le Comte de
,, *Lautrec* paroissoit destiné à finir ses jours dans
,, cet état ; mais Madame *Necker* en ayant été infor-
,, mée par M. le Marquis de *Beaudan Paraber*, qui
,, en a eu connoissance, elle a obtenu de S. M. qu'il
,, fût envoyé à *Ham*, un Commissaire à l'effet de
,, vérifier si l'état de M. de *Lautrec* étoit tel qu'on
,, le lui avoit peint. Le choix est tombé sur M. le
,, *Blanc* subdélégué de l'intendance de *Soissons* : il
,, a rempli sa mission, & sur le compte qu'il a rendu,
,, Madame *Necker* a obtenu de S. M. une augmenta-
,, tion de 600 liv. à la pension de 360 liv. qui étoit
,, payée par Elle pour M. de *Lautrec*. Il a été en
,, même tems envoyé des ordres à l'Etat-Major, de
,, le faire habiller & nourrir convenablement, & de
,, le laisser promener dans le château. ,,

Il se trouvoit à *Nemours* un suppôt de notre
finance, qui a, dit-on, le secret d'enlever l'écriture de
façon qu'une vieille lettre de change acquittée, qui
passe par ses mains, y devient un blanc-seing dont il
fait l'usage qu'il lui plaît. C'est un très-beau secret
dans la spéculation sans doute, mais la pratique en est
dangereuse dans ce pays où l'on ne laisse gueres les
grands talens sans récompense, sur-tout ceux dont
les échaffauts sont destinés à faire éclater le triomphe.
Un autre secret dont on prétend que le même homme
se sert utilement, c'est de fabriquer un encre qui

difparoît totalement au bout de quelques jours. Rien n'eft plus commode que cette invention ; on fait des billets qui s'acquittent d'eux-mêmes ; l'homme qui additionne le foir, la valeur de fon porte-feuille, n'y trouve plus le lendemain que des coupons de papier blanc. L'ufage de cette encre, ne fera pas, à ce qu'on affure, entiérement profcrit ; il fera réfervé pour les billets doux & les lettres d'amour. Au refte, on eft allé en cérémonie prier *de part le Roi*, le poffeffeur de ces merveilleufes recettes, de fe rendre en prifon.

M. *Linguet* vit entrer dans fa chambre, peu de jours après fon arrivée à la *Baftille*, un grand homme fec qui lui donna quelque frayeur. Il lui demanda qui il étoit. — *Je fuis*, répondit l'inconnu, *le Barbier de la Baftille*. — *Parbleu*, répliqua brufquement *Linguet, vous auriez bien dû la rafer*.

Il s'eft fait un jour une gageure fort finguliere. Un jeune homme nommé *D'Orval* étoit au caffé de***, lorfqu'il vint à paffer dans une brouette, un autre jeune homme paré, & dont le vifage annonçoit une fanté floriffante. Il faifoit beau, affez fec ; *D'Orval* fe fcandalifa de voir par un tel tems, un jeune homme bien portant fe faire traîner en brouette. Voilà qui eft impertinent, dit-il à fon voifin, qui fe met à rire de fon obfervation. Perfonne, dit celui-ci, n'a le droit de s'en formalifer. Qui pourroit empêcher cet homme-là d'aller en brouette ? Parbleu, moi, reprit *D'Orval*, car je fuis piqué ; & je parie. Ah ! la bonne folie, s'écria l'autre en éclatant de rire. *D'Orval* infifta, & à la fin fon pari fut tenu. Il court fur le champ à la brouette, la fait arrêter, & s'adreffant au jeune homme : Pardon, Monfieur, lui dit-il, fi je vous interromps ; mais permettez-moi de vous obferver qu'il est bien singulier qu'à votre âge , par le tems qu'il fait , & avec votre santé, vous vous fassiez traîner en brouette. Permettez-moi, Monsieur, répondit le jeune homme étonné, de vous observer à mon tour qu'il est bien plus étrange que vous fassiez cette observation. — C'est qu'en vérité cela est bizarre. — Bizarre, ou non, répliqua le jeune homme un peu impatienté, vous voudrez bien que je continue; & tout en parlant se disposoit à poursuivre son chemin ; mais *D'Orval* s'y opposant : Non, Monsieur, je ne peux pas prendre sur moi de vous voir en brouette par ce tems-là; & je ne le souffrirai point. — Vous ne le souffrirez point? — Non, absolument je ne le souffrirai point ?.... Nos deux têtes s'échauffent. Le jeune homme sort de sa brouette ; le fer brille aussitôt; & *D'Orval* reçoit un bon coup d'épée. Monsieur, dit alors *D'Orval* au jeune homme, vous êtes trop honnête assûrément pour aller en brouette, vous qui vous portez si bien, & me laisser à pied quand je suis blessé. A ces mots, il entre dans la brouette, se fait conduire chez lui , & gagne son pari.

Pendant un séjour de la Cour à *Marly* , deux Seigneurs s'étant égaré à la chasse, entrent dans une chaumiere où ils trouvent une vieille femme dont le langage & le maintien semblent leur annoncer une personne au-dessus du commun. Revenus au château, ils en parlent aux Dames de la Cour. Cette aventure présentée sous des couleurs romanesques, excite une vive curiosité. Le lendemain Madame de *Laval* & Madame de *Luynes* veulent voir la bonne femme : elles vont lui demander des œufs frais. On la questionne; elle raconte que depuis vingt ans, elle vit dans cette retraite sans avoir aucun commerce avec les autres habitans du hameau; que le produit de sa

vache & de ses poules fournit suffisamment à sa subsistance. Nos belles Dames essayent en vain d'arracher
à la vieille, un secret qu'elle n'a peut-être pas : elles
payent six francs pour les œufs & se retirent. D'autres
reviennent : toujours même curiosité d'une part,
même réserve de l'autre & des œufs frais qu'on paye
six francs. On ignore encore qui est cette vieille : les
gens du village la disent Protestante ; elle part tous
les samedis au soir pour aller à *Versailles*, d'où elle
revient dans sa chaumiere le lundi matin.

Une Demoiselle de condition qui se trouve aujour-
d'hui en *Hollande*, dans l'infortune après un mariage
malheureux, tire sur M. *le Voyer d'Argenson*, une
lettre de change de 1200 liv. & recommande que
l'on présente cet effet à lui seul. Le porteur demande
à lui parler, en le prévenant que c'est sans doute une
bonne œuvre qu'on lui donne occasion de faire.
M. *Voyer* sans dire un mot prend la lettre de change,
la paye, la déchire & la jette au feu.

Un bon Bourgeois ayant à la vérité une perruque
quarrée, se promenoit sur le Boulevard, portant un
enfant dans ses bras. Une jeune femme accompagnée
d'un Cavalier passe ; ils rient assez légérement de cette
bonhommie, car d'autres tems, d'autres mœurs !
Mon homme apperçoit un barbet que la Dame porte
complaisamment, s'arrête & lui dit froidement :
*Madame, vous portez votre chien, moi je porte
mon fils.*

Un homme de la Cour est mort d'une maladie
de langueur qui n'a jamais été bien connue. La
famille s'est déterminée à le faire ouvrir. Tandis que
les chirurgiens opéroient sur le cadavre près d'une
fenêtre, & au moment qu'ils venoient de faire les
premieres incisions, le tonnerre tombe & enflamme

les vapeurs qui en fortoient : les opérateurs avoient à peine entendu le coup ; la frayeur les faifit ; ils tombent à la renverfe & ne recouvrent l'ufage de leurs fens que pour éprouver de nouvelles impreffions de terreur, caufées par des réflexions peu philofophiques fans doute, mais qui, dans un autre fiecle, euffent donné à cette aventure toute naturelle, une importance qu'elle n'a pas eue cette fois.

Un Cordonnier de la rue *S. Benoît* a démontré les heureux effets du Bel-efprit contre le fuicide. Il avoit une *maîtreffe femme*, dans fon ftyle, une fille *un peu trop fringuante* & un fils *bien planté & à peindre.* La maifon étoit entiérement dirigée par cette *maîtreffe femme* & le premier compagnon. Le fils étoit en apprentiffage chez un marchand de cuir, *car il faut*, difoit le pere, *pouffer fes enfans le plus qu'on peut.* La fille n'étoit nullement furveillée par une mere qui étoit trop *occupée ailleurs.* Le pere un peu avare avoit grand foin de compter tous les foirs fes chers écus qu'il avoit cachés dans fa chambre. Il alloit dans la matinée prendre quelques mefures, rendre quelques fouliers de femmes en ville, & le refte du jour, fur-tout la foirée, il les paffoit hors de chez lui avec des amis choifis qui aimoient autant que lui la littérature. Là on difputoit fans ceffe, *pour s'éguifer l'efprit*, fur milles chofes fort fublimes, car on n'y avoit jamais rien compris ; & ces inftructives féances, à l'aide de quelques bouteilles de vin, fe prolongeoient affez avant dans la nuit. Un jour en rentrant chez lui vers minuit, il trouve le plus jeune apprentif qui l'attendoit feul & il apprit de cet enfant que fa *maîtreffe femme* étoit partie avec le premier compagnon, que fa *fringuante* fille avoit été *ramaffée* par la police pour avoir à une heure indue fait de tendres invitations aux paſſans, & que ſon fils *à peindre* s'étoit *engagé* le jour même. Quels coups de foudre pour cet homme ! il court vite dans ſa chambre.... Ah ! c'eſt bien pis que tout cela pour ſon cœur ſenſible.... Son argent lui a été enlevé. Le jeune garçon après avoir allumé la chandelle de ſon triſte maître, va ſe coucher, car il ne voyoit là rien qui dût l'empêcher de céder au ſommeil. Le pere délaiſſé, tout hors de lui, marche à gras pas dans ſa chambre, ébranle tous les planchers, fait frémir toutes les vitres, ſe démene en furieux ; enfin il prend un parti violent, extrême, il veut ſe tuer. Il va chercher un tranchet. Au moment où il alloit ſe couper la gorge, il réflechit que depuis que *la mode* de ſe tuer regne à Paris, preſque tous ceux qui l'ont fait ont conſigné ſur le papier leurs raiſons & l'acte lui-même pour prévenir toutes pourſuites de la juſtice contre des innocens. Il eſt trop éclairé en *morale civile* pour n'avoir pas cent fois dans ſa ſociété applaudi à une pareille précaution. Ne voulant pas y manquer, il poſe le tranchet, prend la plume & écrit :

,, Qu'on n'accuſe perſonne de ma mort. C'eſt moi-
,, même qui me ſuis tué dans un accès de la plus
,, juſte fureur ; oui, du plus juſte chagrin que jamais
,, *Bourgeois de Paris* ait reſſenti ; car, comme dit fort bien *Moliere :* ,,

,, Quand on a tout perdu, quand on eſt ſans eſpoir,
,, La vie eſt un opprobre & la mort un devoir.

A peine a-t-il achevé d'écrire, qu'il lui vient un doute. Eſt-ce bien *Moliere ?* ne ſeroit-ce pas *J. J. Rouſſeau,* car celui-là auſſi étoit un grand philoſophe ? Dans cette indéciſion & pour ne pas déshonorer ſa favante coterie par une faute capitale, il remet à s'éclaircir *finement* là-deſſus le lendemain, ſans changer de deſſein & ſans ſe compromettre. Dès qu'il put ſortir, il réunit ſes amis, propoſa ſa grave queſtion. L'un dit que c'étoit *Corneille* dans ſon *Tartuffe*, l'autre M. *Marmontel*, parce qu'il étoit une de ſes pratiques ; un troiſième dit que c'étoit ſûrement dans quelqu'*Opéra Bouffon*. Les opinions étant ſi partagées, on a d'une commune voix remis l'affaire à huitaine & chacun doit aller aux informations. Le Cordonnier en attendant a trouvé, en y réfléchiſſant *en philoſophe*, que ſa *maîtreſſe femme* le débarraſſoit d'un lourd fardeau, que du tems & du travail lui rendroient ſes 800 écus, & que de ſon fils étoit un ſoldat *bien planté & à peindre* qui avoit l'ineſtimable honneur de ſervir notre bon Roi.

M. *de S. Julien*, fils du fameux Receveur général du clergé, eſt mort à l'âge de trente ans, univerſellement regretté. Il a preſſenti l'effet d'une ſaignée qui a précédé ſa derniere heure : *Aſſaſſinez-moi donc, puiſque vous le voulez*, a-t-il dit en tendant le bras. Le fameux *Bouvard* étoit ſon médecin.

Le fils d'un ancien tailleur de cette capitale, élevé dans une ſorte d'aiſance & de luxe, ne trouvant plus les mêmes reſſources dans la maiſon paternelle, s'étoit inſenſiblement fait un beſoin d'eſcroquer pour ſoutenir ſes plaiſirs & ſa parure. Il alloit manger depuis quelque tems aſſez fréquemment chez un traiteur nommé *Meunier*, & avoit eu la bonne fortune d'y enlever *incognito* pluſieurs couverts d'argent. Le traiteur, ne ſachant à qui s'en prendre, en prévint un inſpecteur de police qui mit des *mouches* dans la ſalle à manger. L'élégant *tailleur* arrivant un de ces jours derniers comme à ſon ordinaire, l'épée à travers le corps, un gros manchon fur la poitrine, s'empare d'une petite table qui étoit dans un coin, s'affied auprès & demande à dîner. La fervante lui apporte un couvert : retardée par le fervice, elle diffère quelque tems à fervir cet homme. Il l'appelle de rechef : elle lui préfente enfin un potage. — Un couvert ; étourdie que vous êtes !... La fille n'ofant répliquer, croit avoir oublié & lui rapporte un fecond couvert. Il tranfvafe fa foupe dans une affiette, met adroitement l'écuelle d'argent dans fon manchon & mange tranquillement. Cela fait ; il appelle la fille ; elle paroît. *Quoi*, lui dit-il, *vous emportez mon écuelle & ne m'apportez pas de bouilli ? vous êtes une grande étourdie !* Troublée par le cahos d'un monde prodigieux, cette fille ne réplique qu'en bégayant & va chercher le bouilli de Monfieur ; mais tout ce petit manege n'étoit pas tellement fait avec dextérité, que les *mouchards* ne l'euffent vû d'un bout à l'autre. L'un d'eux va trouver le traiteur : *Nous tenons votre homme*, lui dit-il, *le voilà dans ce coin.* Le tailleur eft accufé hautement ; il veut nier ; mais l'un des *mouchards* lui fautant au collet, fouille dans fa poche d'où il retire le couvert, tandis qu'un autre lui prenant fon manchon, en fait tomber la fatale écuelle. Confondu, hors de lui-même, ne voyant plus de reffource, il eft affez heureux pour pouvoir ôter fon épée dont il fe donne trois coups dans le corps. On le porte chez un Commiffaire, d'où après avoir été panfé, on l'a conduit au *Châtelet.* On ne doute pas, s'il en revient, qu'il n'aille traîner le boulet à *Toulon* ou à *Breft* pour fes efcroqueries, ou que s'il en meurt, il ne foit traîné fur la claie comme fuicide. Quelque foit la jufte tolérance avec laquelle on traite aujourd'hui ce crime de lezesociété, celui-ci, relativement à l'individu, est de nature à paroître mériter la sévérité de la loi.

On lit le paragraphe suivant dans un Journal fort répandu.

Le lundi 5 Novembre 1781 au matin, dans le couvent des Capucins mineurs de *Cenzano*, deux de leurs plus vénérables Peres furent sommés de dire vérité, quoique sans formalité d'examen. Et dans leur étroite, mal horrangée, & poudreuse bibliotheque, après les plus exactes recherches, on ne trouva point le livre prophétique & astrologique prohibé depuis deux mois à son de trompe. Les deux Moines convinrent cependant que ce livre y avoit été pendant plusieurs années, mais négligé & abandonné, & ils affimerent par serment qu'il n'y étoit plus & protesterent que ce livre ne méritoit aucune créance, qu'il étoit indigne d'être lu par tout homme doué de religion, de raison & de bon sens; qu'ils remercioient Dieu de ce que ce livre avoit disparu, ne doutant point qu'il n'eût été emporté du couvent, parce que depuis deux mois ils avoient été obligés de le laisser lire à divers curieux & fanatiques; que ce livre appartenant au couvent, ils ne pouvoient pas le donner à lire au dehors, attendu l'excommunication lancée contre le cloître, si on l'en laissoit sortir, & que si l'Esprit d'en haut ne leur avoit pas défendu de le brûler, ils l'auroient réduit en cendres, d'autant qu'il contenoit des choses désagréables à l'église & offensantes pour les Princes; en raison de quoi ils en détestoient le contenu. Malgré ces protestations plus politiques que chrétiennes, on continua tranquillement le procès-verbal, & l'on apprit que depuis peu de jours ce livre qui étoit dans la chambre d'un frere visiteur ne s'y étoit plus trouvé après son départ ; d'où l'on conclut que le pere *Edouard Ralkensburg*, ministre général des Capucins mineurs à Rome l'avoit envoyé prendre par un des freres officians de son généralat, & qu'il devoit maintenant être entre ses mains.

Continuant avec douceur les interrogations, on apprit que cet ouvrage depuis long-tems célebre, est le recueil des prophéties de *Michel Nostradamus*, médecin, astronome françois, imprimé peut-être à la fin du quinzieme siecle, écrit dans son langage primitif, c'est-à-dire l'idiôme gaulois de ce tems-là, tel qu'il fut publié par l'auteur, avec les noms en chiffres des sujets qui dans les tems postérieurs devoient avoir part aux événemens.

Par exemple on y prédit le ministere du Cardinal *Mazarin*. Le nom *Mazarin* est écrit au rebours *Nizaram*. Méthode qu'il faut suivre en lisant les autres noms inintelligibles.

Cet antique volume est enrichi de notes, d'observations, d'interprétations des sens obscurs. Toutes ces annotations & additions en partie imprimées, en partie manuscrites, avec des additions dans les idiômes françois moderne, latin & toscan. Ces additions manuscrites le rendent précieux ; il a coûté beaucoup de travail & d'application à un érudit, religieux capucin appellé *Palantin le Philosophe*, qui avoit voyagé en France & s'étoit rendu expert dans l'intelligence, non-seulement du moderne, mais encore de l'ancien idiôme françois.

Ces vénérables peres pressés de raconter quelques fragmens relatif à l'accomplissement des prédictions qui font tant de bruit depuis deux mois, ont appris que *Nostradamus* avoit prédit la suppression de l'institut des Jésuites pour l'année 1773, & plusieurs événemens arrivés dans l'église depuis lors, jusqu'à ce jour.

Il prédit clairement que l'église perdra son autorité.

Que la France souffrira, & que ses plus grands malheurs tomberont sur la Bourgogne, après quoi les Puissances de l'Est & du Nord feront entre elles une étroite alliance, contre quiconque s'opposera à elle.

Cette alliance sera suivie d'une guerre qui désolera la France & l'Italie.

Le Pape sera entièrement dépouillé de ses domaines temporels.

Ensuite les ecclésiastiques & les réguliers de quelque classe & ordre que ce soit, recevront des Puissances laïques leur subsistance alimentaire, leurs vêtemens, & le pur nécessaire pour l'entretien du ministere de Dieu, des ames & du culte dans les temples qui lui sont dédiés.

Tellement que tous leurs bien feront anéantis, ainsi que toutes les communautés & les ordres réguliers, à la réserve d'un seul, auquel il sera prescrit de vivre suivant les règles de la plus stricte observance des anciens moines.

Par une suite de ces funestes calamités le Pape cessera de vivre.

Il résultera de ces grandes pertes que l'église de *Jésus-Christ* tombera dans une affreuse anarchie, parce que par l'influence des trois Puissances, trois élections auront lieu dans le même tems, savoir d'un Italien, d'un Allemand & d'un Grec.

Ensuite il s'élevera des querelles très-vives entre les Puissances alliées de l'Est & du Nord.

En attendant se fera l'élection du Chef de l'église,

du légitime Pape romain. Il portera un nom angélique, & sera tiré de l'ordre des moines non éteints. Ce
sera un sujet tellement pieux, savant & de mœurs si
exemplaires, que sous lui l'église recouvrera sa
pureté, sa simplicité & son innocence primitive,
pour son édification & l'instruction du clergé & du
peuple.

On fixera un revenu suffisant & honorable au Pape
pour son entretien ; ainsi, & dans une juste proportion
aux évêques & à toutes les classes du Clergé. On verra
le Pape & tous les autres dignitaires ecclésiastiques
dépouillés de toute pompe mondaine, & vivre,
comme vivoit anciennement tout le Clergé, suivant
la discipline primitive.

Le saint Pere expédiera douze hommes apostoliques
tirés de son couvent d'institut régulier non éteint,
pour aller en mission dans les quatre parties du
Globe, & ils auront le don de convertir tout le
monde à la fois catholique, apostolique, & romaine,
excepté les perfides Juifs réservés à la consommation
des siecles.

Le texte imprimé, les notes manuscrites en latin &
en toscan disent que tout cela arrivera depuis l'année
1780 jusqu'en 1792.

Protestation.

Vera fuit existentia voluminis in Cynthiano :
Nulla fides habenda prædictionibus.

Une scene bruyante a fait retentir, le 3 Avril 1783,
la voute du *Caveau* (*). Onze heures étoient

____

(*) Petit Caffé, rendez-vous d'amateurs de différens
genres.

fonnées & perfonne ne fongeoit à fe retirer. *Du-buiffon* un peu dans les brouffailles fit tapage : foit envie de dormir, foit crainte de la Police, il cria & pria ; on le perfiffla & l'on ne fortit point. Un M. de *Br....*, marfeillois, poëte & redoutable parleur, tenoit alors la parole, & dans un moment d'expreffion, il fit un gefte avec le bras & alloit peut-être heurter *Dubuiffon*, qui fe trouvoit derriere lui, lorfque celui-ci l'arréta d'une maniere affez ferme, avec la main. *B....* fe retourne, voit *D.*, & lui témoigne fa fur-prife & fon mécontentement. *D.* réplique en nafil-lant quelques raifons piquantes, & le marquis de *V.* lui dit qu'il avoit tort. Cela s'appaife néanmoins & la converfation reprend fon fil. *D.* voulant abfolument qu'on forte, dit à fes garçons de tout ranger, & lui-même prend des tabourets & les jette à droite & à gauche : mais foit volonté, foit mal-adreffe, il en campe un fur les jambes de *M.* de *Br......* qui fe livre à toute fa colere, & traite *Dubuiffon*, de *B.*, d'*F.*, de *P.*, & finit par l'appeller *F.... Cornard.* *D.* ne demeure point en refte, & ripofte fottife pour fottife à *Br.*, mais le plaifant & le très-plaifant de l'affaire, c'eft que fur le mot de *Cornard*, *D.* ayant traité *Br.* de *Bardache*, celui-ci par une faillie bien digne d'un Provençal, fe prit à dire : *Oh ! pour Bard.... j'en prends ces Meffieurs pour juges* ; & fe paffant la main fur le menton : *Eft-il poffible*, continua-t-il, *qu'un être auffi laid que moi puiffe paffer pour un* Bard...? Sur quoi *D.* répliquant : *Eh bien*, dit-il, *je prends auffi ces Meffieurs pour juges, & je leur demande fi je puis paffer pour Cornard avec une femme auffi laide que la mienne?* Chacun rit aux éclats, mais les deux champions ne cefferent de s'adreffer les plus fales invectives ; au point que

B. propofa des coups de canne à *D.* Sur quoi *D.* lui fit défi. La fcene devenant fatiguante pour tout le monde, chacun ayant enfin forti, & *D.* étant forti lui-même, toujours gueulant avec *B.*, les deux champions en virent aux prifes dans la rue : mais comme il faifoit nuit & noir, on n'eft pas d'accord fur le fort des combattans. Au furplus, le public a donné tort à *D.*... & la défertion qu'éprouve fon caffé depuis cette fcene fcandaleufe; prouve aflez qu'il veut l'en punir.

F I N.

BIBLIOTHEQUE NATIONALE DE FRANCE
3 7502 04286107 2

www.ingramcontent.com/pod-product-compliance
Lightning Source LLC
LaVergne TN
LVHW021948030726
842523LV00001B/334